전교생 사자성어
©2023 글 김기만 · 그림 김미정

2023년 2월 23일 1판 1쇄

글 김기만 **그림** 김미정
디자인 세종디자인맵
펴낸이 정덕원 **펴낸곳** 이집트
주소 서울시 강북구 솔샘로 47길 7, 2층
전화 070 7537 0819 **팩스** 070 8668 0819
이메일 publishing.egypt@gmail.com
홈페이지 https://www.instagram.com/publishing.egypt
ISBN 979-11-971377-4-7 77700

이 책은 저작권법에 따라 보호받는 저작물이므로 무단전재와 무단복제를 금합니다.
책 내용의 일부 또는 전부를 재사용하려면 반드시 저작권자와 출판사 양측의 동의를 받아야 합니다.

1석3조

세 가지 상황으로 읽는

전교생 사자성어

글·김기만 그림·김미정

이집트

머리말

사람들이 생활에서 함축적이고 비유적인 뜻으로 자주 사용하는 말을 '성어'라 하는데, 글자 수에 따라 '2자 성어, 3자 성어, 4자 성어 등으로 부릅니다. 그리고 이런 성어 중 어떤 사건과 관련이 있으면 '고사성어'라 합니다. 사자성어의 대부분은 중국에서 유래한 것으로 우리나라에 유입되는 과정에서 글자 그대로 들어온 것도 있고, 순서가 바뀐 것도 있고, 글자가 바뀐 것들도 있습니다. 우리의 언어생활에 적합하게 변형이 일어나기도 한다는 말입니다.

지금은 인터넷을 통해 검색하면 많은 성어를 접할 수가 있습니다. 그래서 이 장점을 활용하여 많은 고사성어와 사자성어 책이 나왔는데, 아쉽게도 잘못된 내용을 수록한 책들이 있습니다. 예를 들어 '개과천선(改過遷善)'에서 '과(過)'를 '지날 과'로 설명해 놓았는데, '허물(잘못) 과'라고 써야 합니다. 이뿐만 아니라 풀이의 오역이나 유래가 틀린 경우도 있었습니다.

문제는 이런 책들이 어린이에게 잘못된 지식을 제공한다는 것입니다. 그래서 한문을 전공한 교사로서 답답함이 있었습니다. 그러던 차에 한자의 음과 뜻, 그리고 풀이에 있어 오류 없는 책을 만들고 싶다는 이집트 출판사를 만나게 되었으니 정말 천재일우와 같았습니다.

이 책은 초등 저학년부터 고학년에 이르는 어린이를 대상으로 하고 있으며, 학교나 가정에 써먹을 수 있는 사자성어 위주로 꾸렸습니다. 사자성어 하나에 만화로 꾸며진 3개의 이야기를 담아 실제로는 3권의 책을 읽는 효과가 있을 것입니다. 완성도 있는 그림이 나올 때까지 고치고 또 고치는 등 고된 작업을 수행했던 화가와 이집트 출판사에 감사의 말씀을 전합니다.

저자 김기만

이 책의 특징과 구성

사자성어의 겉뜻과 속뜻을 담았습니다. 많은 어린이 성어책에서 잘못 풀이되고 있는 겉뜻의 오류를 바로잡고 정확히 표기하려고 하였습니다.

학 수 고 대

두루미 학 鶴
머리 수 首
괴로울 고 苦
기다릴 대 待

겉뜻: 학처럼 머리를 빼 들고 애타게 기다린다.
속뜻: 무엇인가를 몹시 기다린다.

전래동화 속 학수고대 　　　　　　　　　　　[견우와 직녀]

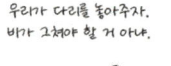

초등 학생들이 책이나 영상으로 흔히 접했던 전래동화를 선정하여 재미있는 이야기로 구성하였습니다. 학생들의 문해력 향상에 도움을 줄 것입니다.

'전래동화 속, 교과서 속, 생활 속' 3가지 상황으로 성어를 익히도록 하였습니다.
성어의 속뜻을 어린이의 눈높이에서 풀이하여 3개의 이야기로 구성하였습니다.

교과서 속 **학수고대** [국어 4-1 ⓮ 수아의 봉사 활동]

초등학교 저학년부터 고학년에 이르기까지 국어 교과서에 나오는 100개의 이야기로 구성하였습니다. 학생들의 수업에 도움이 될 것 입니다.

생활 속 **학수고대** [방학]

초등학생들이 학교나 가정에서 흔히 있을 수 있는 상황을 설정하여 실용적으로 쓸 수 있도록 구성하였습니다. 학생들의 말하기 능력 향상에 도움을 줄 것입니다.

1석 3조 전교생 사자성어 START!

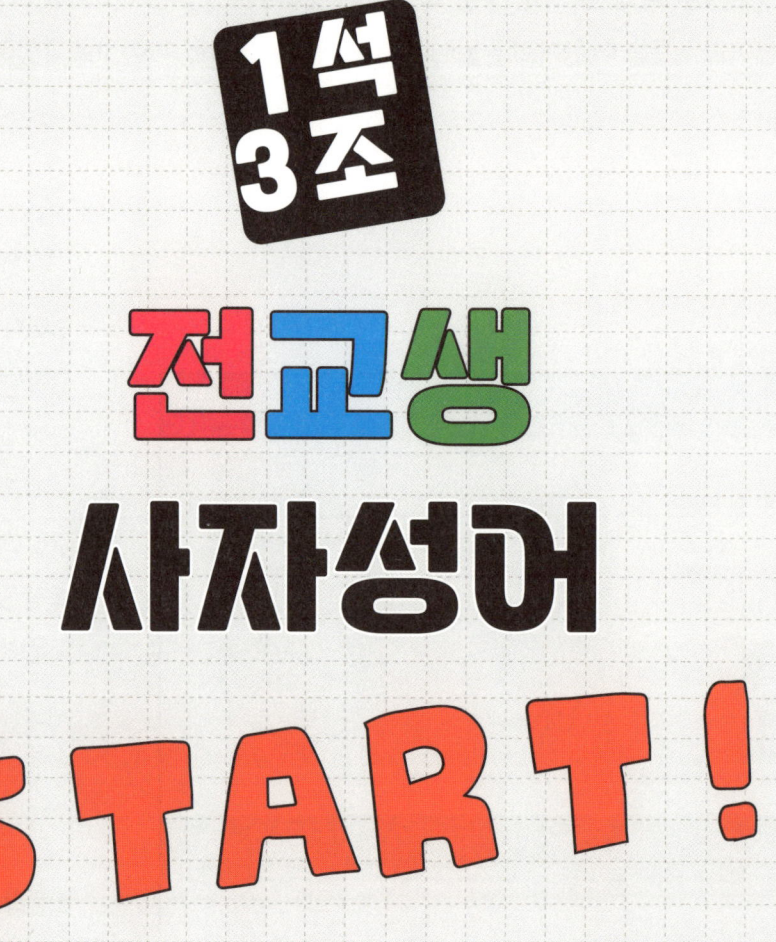

차례

	사자성어	전래동화	교과서	생활
1	각양각색	도깨비 주걱	국어3-1㉮	케이크
2	감언이설	토끼의 간	국어2-2㉯	킥보드
3	개과천선	구두쇠 스크루지 영감	국어3-1㉯	장난
4	견물생심	도깨비 감투	국어1-2㉯	도둑질
5	결자해지	피터팬	국어5-1㉯	빈 그릇
6	결초보은	목숨을 구해준 누렁이	국어활동2-2	은혜 갚은 유정이
7	경거망동	빨간 부채 파란 부채	국어2-1㉮	조심 좀 할걸!
8	계란유골	부채 장수와 우산 장수	국어2-1㉯	청소 중
9	고립무원	성냥팔이 소녀	국어2-1㉮	거기 누구 없어요?
10	고장난명	커다란 순무	국어6-1㉮	액자
11	고진감래	구렁이 남편	국어2-1㉯	주인님 어디 있어요?
12	과유불급	소가 되고 싶었던 개구리	국어3-2㉯	지나친 사랑
13	구우일모	사자와 생쥐	국어5-1㉮	모기가 무서워
14	군계일학	멸치의 꿈	국어2-2㉮	따뜻한 변기
15	근묵자흑	도깨비 친구	국어4-2㉮	나쁜 친구
16	금시초문	신비한 샘물	국어활동3-2	시험
17	기사회생	백설 공주	국어6-1㉮	감기
18	기상천외	똥꼬로 나팔 부는 호랑이	국어2-1㉮	발명

ㄴ, ㄷ

	사자성어	전래동화	교과서	생활
19	난공불락	아기 돼지 삼형제	국어1-1㉯	굳은 똥
20	다다익선	밥벌레 장군	국어6-2㉯	땔감
21	대기만성	미운 오리 새끼	국어활동2-1	된장
22	대동소이	레미제라블	국어4-1㉯	쌍둥이
23	동문서답	거울을 처음 본 사람들	국어2-1㉯	내 말 듣고 있어?
24	동병상련	외다리 병정	국어활동4-1	너도? 나도!
25	동분서주	브레멘 음악대	국어4-1㉯	준비물
26	동상이몽	떡보와 사신	국어4-1㉮	약속 장소

ㅁ

	사자성어	전래동화	교과서	생활
27	마이동풍	선녀와 나무꾼	국어3-1㉮	적당량
28	막상막하	방귀 시합	국어1-2㉮	복수
29	명불허전	알라딘과 요술램프	국어활동4-1	맛집
30	목불인견	라푼젤	국어3-1㉮	닭살 커플
31	무용지물	황금을 던진 형제	국어4-1㉯	배터리
32	문일지십	삼 년 고개	국어1-2㉮	구구단
33	문전성시	꼬마 요정과 구두장이	국어4-1㉮	복날과 삼계탕

ㅂ, ㅅ

	사자성어	전래동화	교과서	생활
34	배은망덕	토끼의 재판	국어2-1㉯	쉬는 시간
35	백년하청	효녀 심청	국어6-1㉮	결혼할 거야!
36	백전백승	반쪽이	국어6-1㉯	야구 경기
37	부화뇌동	고양이 목에 방울 달기	국어4-2㉯	공부하기 싫은 날
38	비일비재	여우 누이	국어4-2㉮	약속 시간
39	사생결단	은혜 갚은 두꺼비	국어6-1㉯	내 케이크 누가 먹었어!
40	삼인성호	벌거벗은 임금님	국어3-1㉯	호랑이 선생님
41	상부상조	루돌프 사슴코	국어2-1㉯	도움
42	설상가상	할미꽃	국어3-2㉮	변비와 설사
43	설왕설래	싸우기를 좋아하는 형제	국어활동4-1	주문 마감
44	소탐대실	황금알을 낳는 거위	국어2-1㉯	자랑
45	신출귀몰	일지매	국어6-2㉮	모기야 나와라
46	심사숙고	주먹밥이 열리는 나무	국어6-1㉯	고민
47	십중팔구	혹부리 영감	국어3-2㉯	냄새

ㅇ

	사자성어	전래동화	교과서	생활
48	아전인수	요술 항아리	국어3-1㉯	이기적인 언니
49	안분지족	금도끼 은도끼	국어4-1㉮	이 정도면 충분해!
50	안하무인	왕자와 거지	국어3-2㉯	5학년과 6학년
51	애지중지	훈장님의 꿀단지	국어4-2㉮	강아지는 내 동생!

	사자성어	전래동화	교과서	생활
52	어부지리	얄미운 여우	국어5-1㉣	치킨 한 조각
53	어불성설	빨간 모자	국어5-1㉮	해는 어느 쪽에서 뜰까?
54	어이아이	박서방의 고기 한 근	국어2-1㉣	점심 시간
55	역지사지	여우와 두루미	국어5-2㉮	입장 바꿔 생각해 봐
56	오리무중	파랑새	국어4-1㉮	사라진 지우개
57	오비이락	백조 왕자	국어5-1㉮	오해
58	요지부동	두더지 사위	국어1-1㉣	이거 놔!
59	우공이산	어린 왕자	국어5-2㉮	노력
60	우왕좌왕	호두까기 인형	국어3-1㉮	화장실이 어디지?
61	위기일발	은혜 갚은 까치	국어활동1-2	비 오는 날
62	유구무언	냄새 맡은 값	국어4-1㉮	걸렸다!
63	유명무실	공작새와 두루미	국어5-1㉣	맛없어!
64	유비무환	개미와 베짱이	국어3-1㉣	엄마 말 듣길 잘 했어!
65	유언비어	공주와 결혼한 서동	국어6-2㉮	헛소문
66	이구동성	도깨비와 개암	국어5-1㉣	동생이 태어났어요
67	이실직고	망주석 재판	국어2-2㉣	범인은 누구?
68	이심전심	정글북	국어3-2㉮	어떻게 알았어?
69	인과응보	꿀강아지 똥강아지	국어4-1㉮	껌
70	인산인해	쇠를 먹는 불가사리	국어5-1㉮	공연
71	일구이언	피리 부는 사나이	국어3-2㉣	비밀 지켜달라고 했지!
72	일사불란	알리바바와 40인의 도적	국어1-2㉣	장기 자랑
73	일석이조	팥죽 할멈과 호랑이	국어3-1㉣	똥 에너지
74	일장일단	걸리버 여행기	국어4-2㉣	긴 생머리 그녀!
75	일취월장	바보 온달	국어6-2㉮	글짓기 연습
76	임기응변	외톨이가 된 박쥐	국어활동1-1	몰래 방귀 뀌는 방법

ㅈ~ㅎ

	사자성어	전래동화	교과서	생활
77	자포자기	콩쥐 팥쥐	국어2-2㉯	천둥번개
78	자화자찬	두꺼비의 나이 자랑	국어활동3-2	공주 놀이
79	작심삼일	소가 된 게으름뱅이	국어5-1㉮	다짐
80	전광석화	시골 쥐와 도시 쥐	국어활동1-1	빛의 속도
81	점입가경	춘향전	국어5-1㉯	개미집
82	조족지혈	자린고비	국어6-1㉮	유통기한
83	좌불안석	벼룩 한 말	국어활동1-2	들었나?
84	좌지우지	아씨방 일곱 친구	국어5-1㉮	대청소
85	주객전도	손톱 먹은 들쥐	국어5-1㉮	순서
86	주마간산	늑대와 일곱 마리 양	국어5-2㉯	잘 좀 볼걸!
87	지성감천	내 다리 내놔	국어2-1㉮	간절한 기도
88	천만다행	개와 고양이	국어활동3-2	문제 풀이
89	천신만고	로빈슨 크루소	국어4-1㉯	아빠 최고!
90	천재일우	토끼와 거북이	국어4-2㉯	고백
91	청출어람	서유기	국어6-2㉯	아빠의 게임 실력
92	타산지석	아버지를 버리는 지게	국어3-1㉮	아웃!
93	팔방미인	장화 신은 고양이	국어5-2㉯	엄마의 요리 실력
94	피차일반	게와 원숭이	국어2-1㉯	소리 방귀 냄새 방귀
95	학수고대	견우와 직녀	국어4-1㉯	방학
96	함흥차사	돌이 된 아내	국어6-1㉮	왜 이렇게 안 와?
97	호의호식	저승사자도 놀란 가난	국어활동4-1	라떼야, 꽃길만 걷자
98	황당무계	방귀쟁이 며느리	국어1-1㉯	네가 왜 거기서 나와?
99	횡설수설	바보 사또	국어2-1㉮	방귀 소리
100	후안무치	흥부와 놀부	국어활동1-2	뻔뻔해!

전 교 생 사자성어

ㄱ ㄴ ㄷ

01 각양각색	10 고장난명	19 난공불락
02 감언이설	11 고진감래	20 다다익선
03 개과천선	12 과유불급	21 대기만성
04 견물생심	13 구우일모	22 대동소이
05 결자해지	14 군계일학	23 동문서답
06 결초보은	15 근묵자흑	24 동병상련
07 경거망동	16 금시초문	25 동분서주
08 계란유골	17 기사회생	26 동상이몽
09 고립무원	18 기상천외	

각양각색

각각 각	各
모양 양	樣
각각 각	各
빛 색	色

겉뜻 : 각각의 모양과 각각의 빛깔.
속뜻 : 모양이나 종류가 여러 가지다.

전래동화 속 각양각색 　　　　　　　　　　[도깨비 주걱]

요리를 잘하는 할머니가 살았어요.

도깨비들이 할머니를 잡아 도깨비 마을로 데려갔어요.

할머니는 도깨비 주걱으로 배고픈 사람들을 도와주었어요.

교과서 속 **각양각색**   [국어 3-1 ㉮ 장승]

사람들이 장승 마을을 구경하고 있어요.

생활 속 **각양각색**

혜지, 은주, 하영이가 디저트 카페에 가요.

감언이설

달 감	甘
말 언	言
이로울 이	利
말 설	說

겉뜻 : 달콤한 말과 이득되는 말.
속뜻 : 자신의 이익을 위해 듣기 좋은 거짓으로 상대를 속이는 말.

전래동화 속 **감언이설** [토끼의 간]

교과서 속 감언이설 [국어 2-2 ㉯ 피노키오]

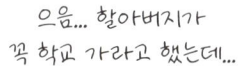

생활 속 감언이설 [킥보드]

킥보드를 타며 놀던 윤경이가 화장실에 가고 싶어졌어요.

개 과 천 선

고칠 개	改
잘못 과	過
바뀔 천	遷
착할 선	善

겉뜻 : 잘못을 고치고 착하게 바뀜.
속뜻 : 자신의 잘못을 반성하고 착한 사람이 된다.

전래동화 속 개과천선   [구두쇠 스크루지 영감]

스크루지 영감은 엄청난 욕심쟁이 구두쇠였어요.

교과서 속 개과천선 　　　　　　　　　　　　　　　　[국어 3-1 ④ 만복이네 떡집]

생활 속 개과천선 　　　　　　　　　　　　　　　　　　　　　　　　　　[장난]

장난꾸러기 서준이가 쉬는 시간에 화장실에 갔어요.

견물생심

볼 견	見
물건 물	物
날 생	生
마음 심	心

겉뜻 : 물건을 보고 마음이 생긴다.
속뜻 : 좋은 물건을 보면 가지고 싶은 욕심이 생긴다.

전래동화 속 **견물생심** [도깨비감투]

나무꾼이 나무를 하는 중
비가 내리는 바람에 빈 집에 들어갔어요.

갑자기 바깥에서 어떤 소리가 났어요.

도깨비들이 빈 집에 들어왔어요.

도깨비들은 밤새 신나게 놀았어요.

밤이 지나고 해가 뜨고 있었어요.

교과서 속 **견물생심** [국어 1-2 ㉯ 임금님의 신기한 맷돌]

임금님이 소금이 나오는 신기한 맷돌을 돌리고 있었어요.

왕이 자리를 비운 사이 도둑이 맷돌을 훔쳐 달아났어요.

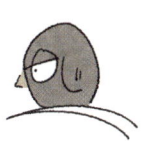

생활 속 **견물생심** [도둑질]

학생이 문구점에서 여러 가지 물건을 보고 있어요.

결 자 해 지

맺을 결	結
사람 자	者
풀 해	解
그것 지	之

겉뜻 : 매듭을 맺은 사람이 그것을 풀어라.
속뜻 : 일을 저지른 사람이 그 일을 해결해야 한다.

전래동화 속 **결자해지** [피터팬]

웬디가 피터팬의 잃어버린 그림자를 찾아 꿰매주었어요.

피터팬과 팅커벨은 웬디와 동생들을 데리고 네버랜드로 떠났어요.

후크 선장이 웬디와 친구들을 납치했어요.

교과서 속 **결자해지** [국어 5-1 ㉯ 잘못 뽑은 반장]

생활 속 **결자해지** [빈 그릇]

결초보은

묶을 결	結
풀 초	草
갚을 보	報
은혜 은	恩

겉뜻 : 풀을 묶어 은혜를 갚았다.
속뜻 : 은혜를 잊지 않고 반드시 보답한다.

자세한 이야기
죽은 아버지가 자기 딸을 살려준 사람에게 은혜를 갚기 위해 풀을 묶어 전쟁터에서 적장을 사로잡게 도와주었다는 이야기에서 유래되었어요.

전래동화 속 결초보은 　　　　[목숨을 구해준 누렁이]

나그네가 주인 없는 개를 길에서 만났어요.

어느 날 나그네가 술에 잔뜩 취했어요.

나그네가 숲에서 잠이 들었는데, 풀밭에 불이 났어요.

교과서 속 **결초보은**　　　[국어활동 2-2 은혜 갚은 생쥐들]

생활 속 **결초보은**　　　[은혜 갚은 유정이]

배가 아픈 유정이에게 떡볶이집 아주머니가 화장실을 사용하게 해주었어요.

며칠 후.

경거망동

가벼울 경	輕
움직일 거	擧
망령될 망	妄
움직일 동	動

겉뜻 : 가볍게 움직이고 망령되게 행동한다.
속뜻 : 조심성 없이 행동한다.

전래동화 속 경거망동 [빨간 부채 파란 부채]

요술 부채를 갖게 된 할아버지가 장난을 쳤어요.

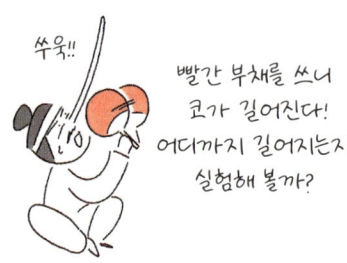

길어진 할아버지의 코가 하늘나라 옥황상제의 집까지 올라갔어요.

교과서 속 **경거망동** [국어 2-1 ㉮]

지안이가 학교 텃밭에 물을 주고 있어요.

그런데 어디선가 축구공이 날아왔어요.

생활 속 **경거망동** [조심 좀 할걸!]

선호가 화장실에서 핸드폰 게임을 하고 있어요.

계란유골

鷄	닭 계
卵	알 란
有	있을 유
骨	뼈 골

겉뜻 : 계란이 곯아 있었다.
속뜻 : 좋은 기회가 왔지만 일이 잘 안된다.

> **자세한 이야기**
> 황희 정승에게 임금이 계란을 보내왔는데, 꺼내보니 계란이 곯아 있어 결국 먹지 못했다는 이야기에서 유래되었어요. (계란이 곯았다는 것을 표현하기 위해 뼈 골을 사용했어요.)

전래동화 속 계란유골   [부채 장수와 우산 장수]

젊은이가 뜨거운 태양을 보며 부채 장사를 준비했어요.

날이 더우니 부채 장사해서 돈 좀 벌어볼까?!

부채 사세요! / 시원해요!

그런데 갑자기 비가 쏟아졌어요.

쏴아아아아

젠장! 부채 정리하고 우산 장사해야겠다!

젊은이는 우산 장사를 준비했어요.
비 맞지 말고 우산 사세요!

그런데 날이 다시 화창해졌어요.

이런, **계란유골**이 따로 없네!

교과서 속 계란유골 [국어 2-1 ㉯ 신발아, 꼭 붙어 있어라]

체육대회 달리기 경주가 시작됐어요.

민준이는 너무 큰 신발을 신고 뛰고 있었어요.

생활 속 계란유골 [청소 중]

윤석이는 화장실에 가고 싶지만 참고 있어요.

수업 시간.

고립무원

홀로 고	孤
설 립	立
없을 무	無
도울 원	援

겉뜻 : 도움을 받을 데가 없이 홀로 서 있다.
속뜻 : 누구에게도 도움 받을 곳이 없다.

전래동화 속 고립무원　　　　　　　　　[성냥팔이 소녀]

성냥팔이 소녀가 겨울밤 거리에서 성냥을 팔고 있었어요.

성냥을 켜자 맛있는 음식이 보였어요.

다시 성냥을 켜니 할머니가 나타났어요.

교과서 속 고립무원   [국어 1-2 ㉮ 동물 마을에서 생긴 일]

숲속에 동물 마을이 있었어요.

그런데, 마을 한가운데 찻길이 생겼어요.

차들은 쌩쌩 달렸어요.

어떡하지. 자동차 때문에 무서워서 건너갈 수 없어.
쌔애앵~!!
우리, **고립무원**이야...

생활 속 고립무원   [거기 누구 없어요?]

일요일 오전, 재윤이가 도서관에 갔어요.

화장실 좀 다녀온 후 공부 시작해야지!

저기요! 거기 누구 없어요?!
도와달라고 소리쳤지만 아무도 없었고...

아 시원하다!
잉?
휴지가... 없다?

핸드폰도 자리에 있는데!
어떡해!
완전 **고립무원**이야!!

고 장 난 명

하나 고	孤
손바닥 장	掌
어려울 난	難
소리 낼 명	鳴

겉뜻: 한 손바닥으로 박수 소리를 내기가 어렵다.
속뜻: 혼자서는 뜻을 이루기가 어렵다.

전래동화 속 고장난명 [커다란 순무]

할아버지가 심은 순무가 쑥쑥 자라 사람 키보다 커졌어요.

교과서 속 고장난명　　　　　　　　　　　　　　　　[국어 6-1 ㉮]

생활 속 고장난명　　　　　　　　　　　　　　　　　　[액자]

고 진 감 래

쓸 고	苦
다할 진	盡
달 감	甘
올 래	來

겉뜻 : 쓴 것이 다하면 단 것이 온다.
속뜻 : 고생이 끝나고 좋은 일이 생긴다.

전래동화 속 고진감래   [구렁이 남편]

인간이 된 구렁이 남편은 벗은 허물을 소중히 보관해 달라고 말했어요.

부인의 첫째 언니와 둘째 언니가 시샘하며 구렁이 남편의 허물을 불에 태웠어요.

허물이 불에 타 사라지자 구렁이 남편도 사라졌어요.

부인은 남편을 찾아 떠났어요.

부인은 남편을 찾기 위해 힘든 일을 열심히 했어요.

부인은 고생 끝에 남편을 만났어요.

교과서 속 **고진감래** [국어 2-1 ㉯]

다은이가 엄마에게 자전거 타는 법을 배우고 있어요.

엄마! 아직 손 놓지 마! 자, 간다~!

열 번 넘어지고,

스무 번 넘어지고...

자전거 타기 성공!

엄마! 나 이제 잘 타지?!

고진감래야! 우리 딸 잘 타네!

생활 속 **고진감래** [주인님 어디 있어요?]

루피가 주인을 잃어버렸어요.

난 주인님을 찾을 거야! 출발!

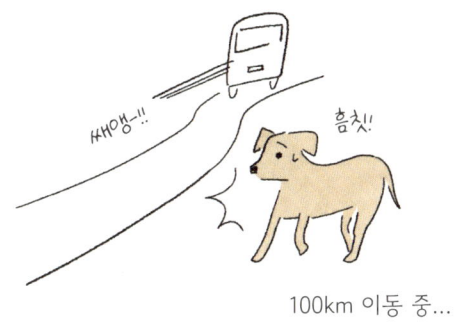

100km 이동 중...

앗! 이건 내 쉬야 냄새?!

200km 이동 중...

루피야!! 어디 갔었어!

고진감래라더니, 고생 끝에 주인님을 만났다!

과유불급

지나칠 과	過
같을 유	猶
아니 불	不
미칠 급	及

겉뜻 : 지나침은 부족함과 같다.
속뜻 : 너무 지나치게 말하거나 행동하면 안 된다.

전래동화 속 과유불급   [소가 되고 싶었던 개구리]

한 개구리가 연못을 뛰쳐나왔어요.

개구리들은 소를 만났어요.

집에 돌아온 개구리가 황소를 따라 했어요.

황소처럼 몸집이 크면
얼마나 좋을까?
나도 배 키울래!
후읍!

허어...

아직 멀었어~!
후읍! 어때?!
내 배! 황소 닮았니?!
헉헉

과유불급이라더니
욕심부리다 배가 터졌다!
펑!!!
꽥!

교과서 속 과유불급 　　　　　　　　　　　　[국어 3-2 ㉯ 공익광고]

TV에서 감기약 광고가 나왔어요.

생활 속 과유불급 　　　　　　　　　　　　[지나친 사랑]

수아가 강아지의 점심밥을 만들고 있어요.

구우일모

아홉 구	九
소 우	牛
한 일	一
털 모	毛

겉뜻 : 아홉 마리 소에서 빠진 하나의 털.
속뜻 : 너무 작아 눈에 안 띌 만큼 하찮고 중요하지 않다.

전래동화 속 **구우일모**　　　　　　　　　　[사자와 생쥐]

교과서 속 **구우일모** [국어 5-1 ㉮ 어린이를 위한 시크릿]

모모는 모든 일에 자신이 없고 망설일 때가 많아요.

생활 속 **구우일모** [모기가 무서워]

여름날, 집 안으로 모기가 들어왔어요.

  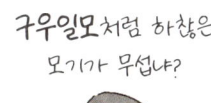

군 계 일 학

무리 군	群
닭 계	鷄
한 일	一
두루미 학	鶴

겉뜻 : 닭의 무리 사이에 있는 한 마리의 학.
속뜻 : 많은 사람(물건) 사이에서 돋보이는 사람(물건).

전래동화 속 **군계일학**   [멸치의 꿈]

멸치 대왕이 꿈을 꾼 후 가자미 신하를 불렀어요.

내가 오늘 하늘을 나는 꿈을 꾸었는데...
꿈 풀이를 누가 제일 잘 하는고?

꿈 풀이라면 망둥 할멈이 **군계일학**이죠!

가자미는 망둥 할멈을 데려왔어요.

멸치 대왕님이 부르십니다. 가시죠.

망둥 할멈

하늘로 올라가는 꿈이니까 멸치 대왕님께서 용이 되는 꿈이랍니다!
역시 **군계일학**이로다!

치! 고생은 내가 제일 많이 했는데, 고맙다는 말 한마디 없어?!

화가 난 멸치 대왕이 가자미의 뺨을 어찌나 세게 때렸는지 가자미의 두 눈이 그만 한 쪽으로 몰려버렸어요!

뭐, 뭣이라?!

흥, 하늘은 무슨! 인간에게 잡혀 물 밖으로 올라가는 거 아녜요?

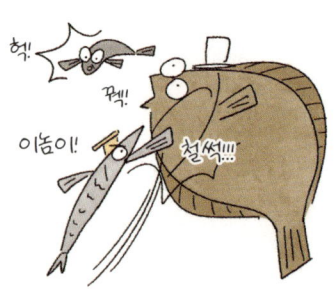

헛!
꿱!
이놈이!
철썩!!!

교과서 속 군계일학 [국어 2-2 ㉮]

체육대회가 있던 날 저녁, 정국이는 일기장을 펼쳤어요.

생활 속 군계일학 [따뜻한 변기]

화장실 앞에 학생들이 길게 줄 서 있어요.

근묵자흑

가까울 근	近
먹 묵	墨
사람 자	者
검을 흑	黑

겉뜻 : 검은 먹을 가까이하는 사람은 검어진다.
속뜻 : 나쁜 사람(것)과 있으면 나쁜 영향을 받는다.

전래동화 속 근묵자흑 　　　　　　　　　　　　[도깨비 친구]

친구는 자주 만나며 마음을 주고받는 사이에요.
할아버지는 도깨비와 친구가 되었어요.

교과서 속 근묵자흑 　　　[국어 4-2 ㉮ 아들에게 보내는 편지]

정약용이 유배지에서 그의 아들에게 편지를 써서 보냈어요.

아버지께서 편지를 보내셨다! 어디 보자...

아들아! 먹을 가까이하면 검어지는 것처럼 좋은 친구를 가려 사귀거라.

맞아. **근묵자흑**이야. 아버지 말씀이 옳아.

생활 속 근묵자흑 　　　[나쁜 친구]

도진이가 나쁜 친구와 어울리기 시작했어요.

이거 네 공이지? 자, 받아.

고마워! 도진아. 너 정말 친절하다.

야! 우리 모임에 들어와! 같이 놀자.

그럴까?

근묵자흑이라고 앞으로 너랑 친구 안 할 거야. 다른 애랑 놀아.

까불지 마라! 퍽!

왜 저래...

ㅋㅋ

헉!

금시초문

이제 금 今
때 시 時, 始
처음 초 初
들을 문 聞

겉뜻 : 지금 처음 들었다.
속뜻 : 어떤 것에 대해 처음 들었다.

전래동화 속 금시초문　　　　　　　　　　　　　[신비한 샘물]

할머니는 아침부터 일을 하러 나간 할아버지가 밤이 되었는데 돌아오지 않아 걱정했어요.

교과서 속 금시초문 [국어활동 3-2 별난 양반 이선달 표류기]

생활 속 금시초문 [시험]

기사회생

일어날 기	起
죽을 사	死
돌아올 회	回
살 생	生

겉뜻 : 거의 죽을 뻔하다 다시 살아난다.
속뜻 : 위기의 순간을 간신히 벗어난다.

전래동화 속 기사회생 [백설 공주]

교과서 속 **기사회생**   [국어 6-1 ㉮ 저승에 있는 곳간]

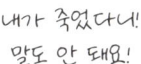

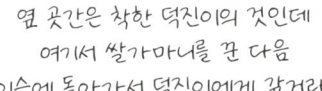

생활 속 **기사회생**   [감기]

기상천외

기발할 기	奇
생각 상	想
하늘 천	天
바깥 외	外

겉뜻 : 기발한 생각이 하늘의 바깥이다.

속뜻 : 생각이나 행동이 짐작할 수 없을 정도로 기발하고 엉뚱하다.

전래동화 속 기상천외   [똥꼬로 나팔 부는 호랑이]

나팔꾼이 숲에서 낮잠을 자고 있었어요.

교과서 속 **기상천외** [국어 2-1 ㉮ 이름 짓기 가족회의]

생활 속 **기상천외** [발명]

난공불락

어려울 난	難
공격할 공	攻
아니 불	不
무너질 락	落

겉뜻 : 공격하기가 어려워 무너지지 않는다.
속뜻 : 대응하는 힘이 매우 강해 쉽게 무너지지 않는다.

전래동화 속 난공불락   [아기 돼지 삼형제]

돼지 삼 형제가 엄마를 떠나 살게 되었어요.

첫째 돼지가 지은 지푸라기 집.

둘째 돼지가 지은 나무 집.

막내 돼지가 지은 벽돌 집.

벽돌 집은 **난공불락**이네! 아무리 불어도 안 무너져!

교과서 속 **난공불락** [국어 1-1 ④ 해와 바람]

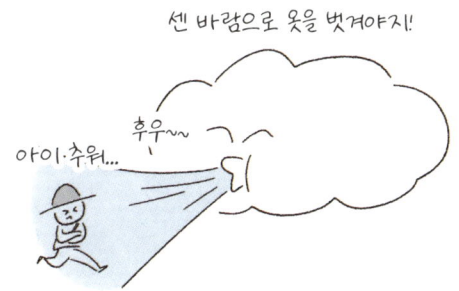

생활 속 **난공불락** [굳은 똥]

다 다 익 선

많을 다	多
많을 다	多
더욱 익	益
좋을 선	善

겉뜻 : 많으면 많을수록 더욱 좋다.
속뜻 : 많을수록 좋다.

전래동화 속 다다익선 　　　　　　　　　　　　　　　 [밥벌레 장군]

매일 밥만 먹고 빈둥대는 밥벌레 장군이 있었어요.

더 이상 널 먹여살릴 수가 없구나.
집을 나가서 네 힘으로 살아보거라.

밥벌레 장군은 할 일을 찾아 나섰어요.

밥만 먹여주면 시키는 일 합니다~

호랑이만 잡아주면 매일 밥을 줄게요!

알았어요!

헉! 실제로 보니 너무 무서워! 제발 저리 가!

크르르르

밥벌레 장군이 얼떨결에 호랑이를 잡았어요.

으악! 떨어진다!
쿵!
꽥!!!

밥벌레 장군은 매일 맛있는 밥을 많이 많이 먹을 수 있었답니다.

얼마나 드릴까요?

다다익선 이지요! 난 많으면 많을수록 좋아요!

교과서 속 다다익선 　　　　　　　　　　　　　　　　　　　　　　　　[국어 6-2 ㉯]

지하철에서 파리 기후 협약 체결에 관한 뉴스가 나왔어요.

생활 속 다다익선 　　　　　　　　　　　　　　　　　　　　　　　　[땔감]

태양이가 엄마, 아빠랑 캠핑하러 숲에 왔어요.

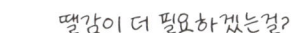

대 기 만 성

큰 대 大
그릇 기 器
늦을 만 晚
이룰 성 成

겉뜻 : 큰 그릇을 만드는 데는 시간이 오래 걸린다.
속뜻 : 큰 사람이 되기 위해서는 많은 노력이 필요하다.

전래동화 속 대기만성　　　　　　　　　　　[미운 오리 새끼]

미운 오리 새끼는 못생긴 외모 때문에 걱정이 많았어요.

겨울이 지나고 봄이 되자 미운 오리 새끼는 백조가 되었어요.

대기만성이라고, 오랜 시간 고생했는데, 나는 아름다운 백조였어!

교과서 속 대기만성 　　　　　　　　　　[국어활동 2-1 7년 동안의 잠]

어린 개미들이 매미 유충을 처음 보았어요.

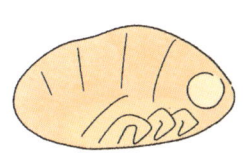
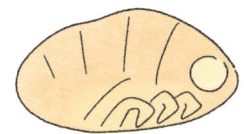
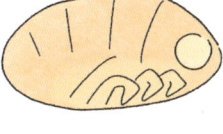

생활 속 대기만성 　　　　　　　　　　　　　　　　　　　[된장]

정민이가 방학이 되어 할머니 댁에 왔어요.

대동소이

큰 대	大
같을 동	同
작을 소	小
다를 이	異

겉뜻 : 작게는 다르지만 크게는 같다.
속뜻 : 작은 차이가 있을 뿐 대체로 같다.

전래동화 속 대동소이 　　　　　　　　　　[레미제라블]

장발장은 굶주린 아이들을 위해 빵을 훔쳤고 그 죄로 19년을 감옥에 갇혀 살았어요.

빵 하나 훔쳤다고 19년을 감옥에서 지내라고? 너무해! 한 개든 열 개든 도둑질은 도둑질이야. **대동소이**하지.

19년 후, 감옥에서 나온 장발장을 뮈리엘 신부가 도와주었어요.

은으로 된 식기는 비싸겠지? 훔쳐다 팔아야겠어!

교과서 속 대동소이

[국어 4-1 ④ 동물 속에 인간이 보여요]

소통은 서로의 생각을 주고받는 것입니다.

음식이나 꽃이 있는 방향과 거리를 춤을 추며 알려줍니다.

그런데, 인간만 소통하는 게 아니에요. 꿀벌은 춤을 이용해 소통합니다. **대동소이**하죠?

생활 속 대동소이

[쌍둥이]

쌍둥이 자매가 놀고 있어요.

가위 바위 보~

어머? 쌍둥이구나. 너무 똑같이 생겼다!

안 똑같아요!

자세히 보면, 저는 한쪽 눈에 쌍꺼풀이 있고요!

저는 왼쪽 눈 아래에 점이 있어요!

대동소이한 것 같은데... 아줌마가 몰랐네~

다르다니까요.

동문서답

동녘 동	東
물을 문	問
서녘 서	西
대답할 답	答

겉뜻 : 동쪽을 물었는데 서쪽을 대답한다.
속뜻 : 물음에 대한 엉뚱한 대답.

전래동화 속 **동문서답**　　　　　　　　　　　[거울을 처음 본 사람들]

남편이 시장에 갔어요.　　　　　　　　　　　　남편이 거울을 사 왔어요.

교과서 속 동문서답

[국어 2-1 ④ 선생님, 바보 의사 선생님]

다리를 다친 기오가 의사 선생님에게 치료를 받았어요.

안녕, 기오야! 수술은 잘 되었지만, 덧날 수 있으니 조심하렴.

장기려 선생님! 안녕하세요!

잉?

선생님 집도 우리 집처럼 가난하네요.

두리번~

하하, 웬 **동문서답**이냐?

헤헤~

생활 속 동문서답

[내 말 듣고 있어?]

소희가 예서네 집에 놀러 왔어요.

소희: 우리 반 민준이 있잖아...
예서: (대답 없음)

소희: 잘생기지 않았냐? 여자친구 있을까?
예서: 응응~

소희: 너 내 말 듣고 있어?
예서: 어~ 김민찬 걔 어제 아파서 학교 못 온 거래~

소희: 웬 **동문서답**이야? 너 하나도 안 듣고 있었지?
예서: 하하... 미안~

동병상련

같을 동	同
병 병	病
서로 상	相
불쌍히 여길 련	憐

겉뜻 : 같은 병에 걸린 자가 서로를 불쌍히 여긴다.
속뜻 : 어려운 처지에 놓인 사람이 서로의 마음을 알아준다.

전래동화 속 **동병상련**   [외다리 병정]

한 소년이 생일선물로 장난감 병정 세트를 선물 받았어요. 그런데 한 병정만 다리 한쪽이 없었어요.

어느 날, 외다리 병정이 창밖으로 떨어져 강으로 흘러갔어요.

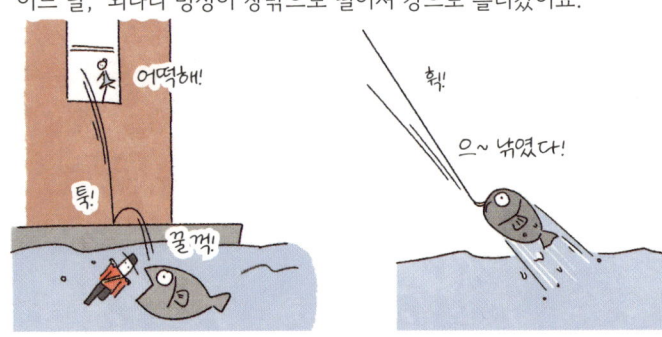

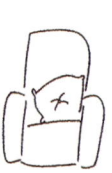

교과서 속 동병상련

[국어활동 4-1 할아버지와 보청기]

생활 속 동병상련

[너도? 나도!]

동분서주

동쪽 동	東
달릴 분	奔
서쪽 서	西
달릴 주	走

겉뜻 : 동쪽으로도 달리고 서쪽으로도 달린다.
속뜻 : 이리저리 바쁘게 돌아다닌다.

전래동화 속 동분서주   [브레멘 음악대]

당나귀가 늙어 일을 못하자 주인은 당나귀를 학대했어요.

이 당나귀도 늙으니 일을 잘 못하네. 고깃집에 팔든지 해야지!

당나귀는 도망쳤고 비슷한 사정의 개와 고양이와 수탉을 만났어요.

오랫동안 **동분서주**하며 주인님을 도왔는데 날 팔아버린대서 도망쳤어.

우리도 비슷한 일을 겪고 도망쳐 나왔어.

우리 같이 브레멘에 가서 음악단에 들어가자!
좋아!

빈 집이 있네? 저기서 쉬었다 가자!
킬킬...

도둑들이 창밖에 비친 동물들의 그림자를 보고 괴물이 나타났다며 황급히 도망쳤어요.

으아아악! 괴물이다!
도둑 살려!

도둑이 음식을 두고 도망쳤어! 우리가 먹자.
맛있다~!

교과서 속 **동분서주** [국어 4-1 ㉯ 주시경]

주시경 선생님은 한글을 모르는 사람들에게 한글을 가르쳐 주었어요.

그리고 그들이 쉽게 읽을 수 있는 한글 책도 만들었어요.

주시경 선생님은 한글을 가르치느라 매일 **동분서주**하신다고!

생활 속 **동분서주** [준비물]

지성이네 학교 미술 선생님은 무섭기로 소문이 자자했어요.

안녕! 너희 왜 아침부터 **동분서주**하고 있어?

동상이몽

같을 동 同
평상 상 床
다를 이 異
꿈 몽 夢

겉뜻 : 하나의 평상에서 자는데 서로 다른 꿈을 꾼다.
속뜻 : 같은 상황에서 서로 다른 생각을 한다.

전래동화 속 **동상이몽**　　　　　　　　　　　　　　　　[떡보와 사신]

중국에서 조선으로 사신이 왔어요.

중국어를 모르는 떡보에게 중국 사신은 삼강을 아냐는 뜻에서 손가락 셋을 펼쳤어요.

떡보는 다섯 개도 먹을 수 있다는 뜻에서 손가락 다섯 개를 펼쳤어요.

조선에는 인재가 많네! 놀랍습니다!

*삼강 : 임금과 신하, 부모와 자식, 남편과 아내가 지켜야 하는 세 가지 예절.
*오륜 : 임금과 신하, 부모와 자식, 남편과 아내, 친구 사이, 나이 많은 사람과 적은 사람이 지켜야 하는 다섯 가지 예절.

교과서 속 **동상이몽** [국어 4-1 ㉮ 돈을 왜 만들었을까?]

보영이와 지혜가 영화를 보았어요.

생활 속 **동상이몽** [약속 장소]

민주가 혜진이와 만나기 위해 약속을 하고 있어요.

전 교 생 사자성어

ㅁㅂㅅ

27 마이동풍	36 백전백승	45 신출귀몰
28 막상막하	37 부화뇌동	46 심사숙고
29 명불허전	38 비일비재	47 십중팔구
30 목불인견	39 사생결단	
31 무용지물	40 삼인성호	
32 문일지십	41 상부상조	
33 문전성시	42 설상가상	
34 배은망덕	43 설왕설래	
35 백년하청	44 소탐대실	

마이동풍

말 마	馬
귀 이	耳
동녘 동	東
바람 풍	風

겉뜻 : 말 귀에 부는 동쪽 바람.
속뜻 : 다른 사람의 말을 귀담아 듣지 않는다.

전래동화 속 마이동풍   [선녀와 나무꾼]

나무를 하던 나무꾼이 사슴을 만났어요.

나무꾼은 사슴을 도와주었어요.

선녀들이 계곡에서 목욕을 하고 있었어요.

시간이 흐르고 선녀와 나무꾼은 결혼했어요.

교과서 속 **마이동풍** [국어 3-1 ㉮ 으악, 도깨비다!]

밤이 되면 장승들은 움직일 수 있지만
아침이 되면 다시 몸이 굳어져요.

생활 속 **마이동풍** [적당량]

교실에는 물고기들이 사는 수족관이 있었어요.

막 상 막 하

없을 막	莫
위 상	上
없을 막	莫
아래 하	下

겉뜻 : 위라고도 할 수 없고 아래라고도 할 수 없다.
속뜻 : 어느 게 나은지 차이가 거의 없다.

전래동화 속 막상막하 [방귀 시합]

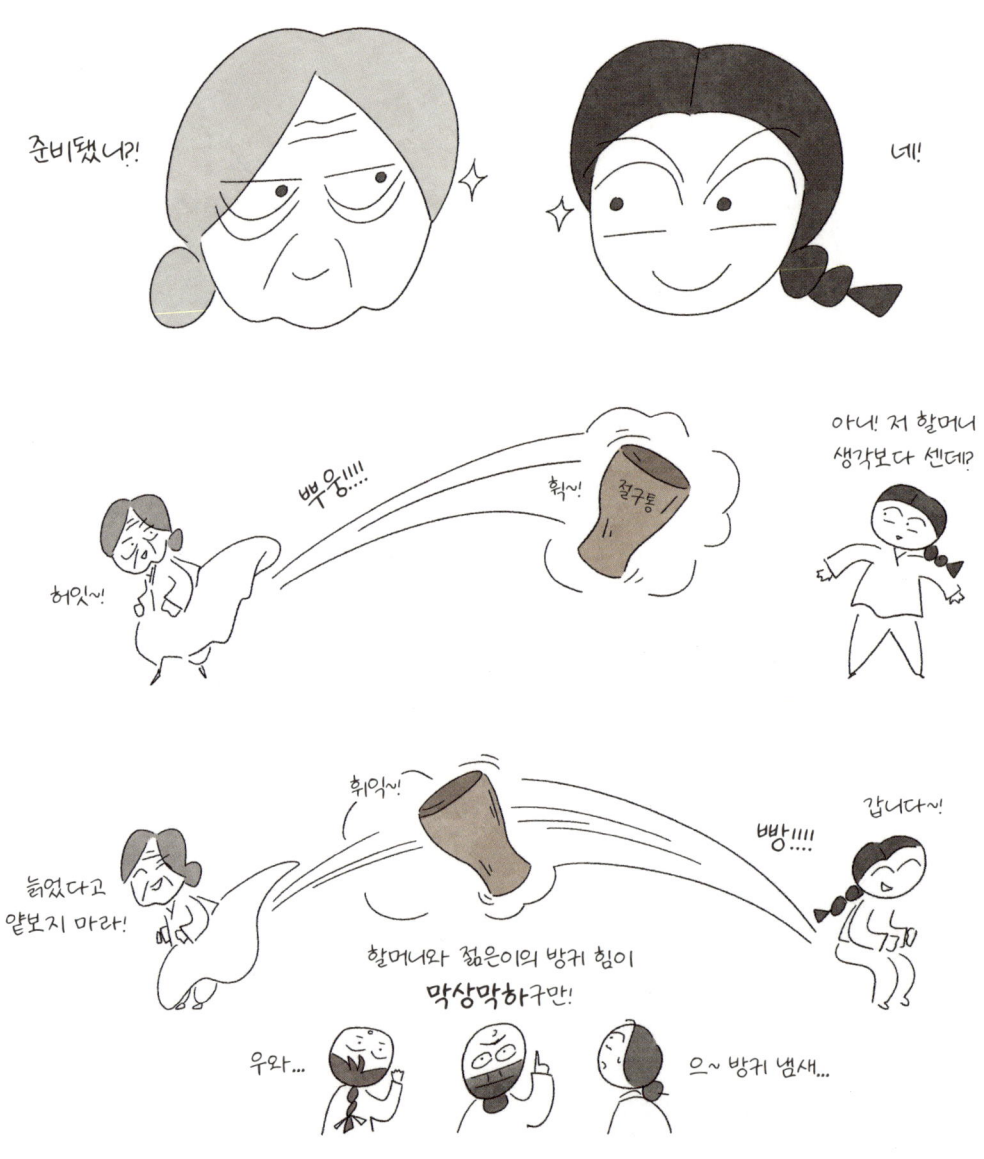

교과서 속 **막상막하** [국어 1-2 ㉮]

기린과 원숭이가 한 나무를 두고 다투고 있어요.

생활 속 **막상막하** [복수]

동생이 화장실이 급한데,
언니가 화장실 안에서 안 나오고 있어요.

며칠 후,
이번에는 상황이 반대가 되었어요.

명불허전

이름 명	名
아닐 불	不
헛되이 허	虛
퍼뜨릴 전	傳

겉뜻 : 이름이 헛되게 퍼진 게 아니다.

속뜻 : 누군가가 유명해진 데는 그만한 실력이나 이유가 있다.

전래동화 속 명불허전　　　　　　[알라딘과 요술램프]

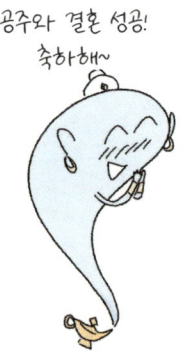

교과서 속 **명불허전** [국어활동 4-1 꽃신]

갓바치는 가죽으로 신발을 만들고 지갑도 만드는 사람이에요.

생활 속 **명불허전** [맛집]

더운 여름 날, 주연이와 민서는 빙수를 먹으러 나왔어요.

목불인견

눈 목	目
아니 불	不
참을 인	忍
볼 견	見

겉뜻 : 차마 눈으로 볼 수 없다.
속뜻 : 눈 뜨고 볼 수 없을 만큼 처참하거나 꼴불견이다.

전래동화 속 목불인견   [라푼젤]

마법의 머리카락을 가진 라푼젤이 성에 갇혀 있었어요.

마녀가 라푼젤의 머리카락을 자르고 협박했어요.

왕자는 가시덤불에 떨어졌어요.

교과서 속 **목불인견** [국어 3-1 ㉮ 바삭바삭 갈매기]

갈매기가 먹이를 찾기 위해 마을로 내려왔어요.

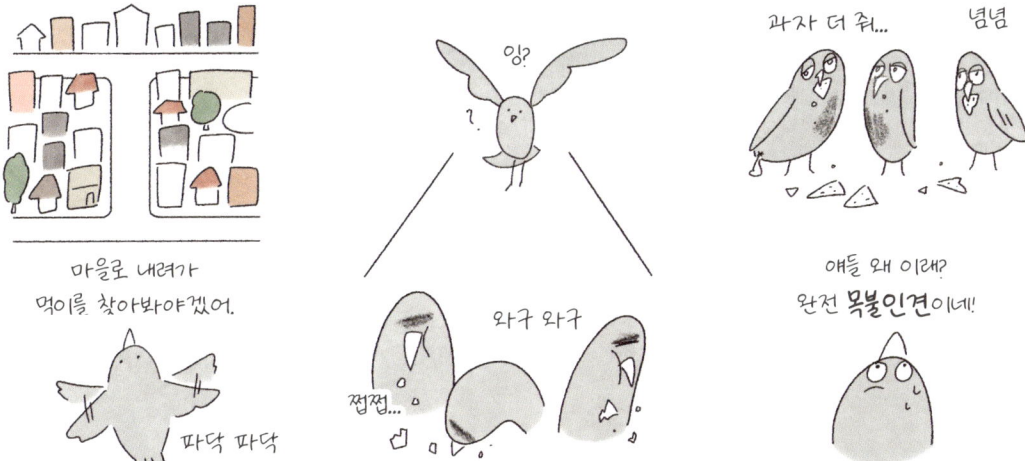

생활 속 **목불인견** [닭살 커플]

수호와 채린이가 사귀기로 했어요.

무용지물

없을 무 無
쓸 용 用
~의 지 之
물건 물 物

겉뜻 : 쓸 수 없는 물건.
속뜻 : 사용할 수 없는 물건.

전래동화 속 **무용지물** [황금을 던진 형제]

길을 가던 형제가 황금을 발견했어요.

사이좋게 한 개씩 나눠 갖자!
우와... 좋아!

출발합니다~
조심해, 형~
알았어.

배를 타고 가는 중 갑자기 동생이 금덩어리를 강물에 던졌어요.

에잇!
풍덩!
뭐 하는 거야?!

형을 좋아했는데 금덩어리를 나누니까 형이 미워지더라고. 그래서 금이 없는 게 낫다고 생각하고 던졌어.

동생아...

네 말대로 우리 우애가 더 중요해. 이제 이 금은 나한테도 **무용지물**이야!

ㅎㅎ
풍덩!

교과서 속 무용지물 　　　　　　　　　[국어 4-1 ㉮ 가끔씩 비 오는 날]

생활 속 무용지물 　　　　　　　　　　　　　　　　　　　[배터리]

문 일 지 십

들을 문	聞
한 일	一
알 지	知
열 십	十

겉뜻 : 하나를 들으면 열을 안다.
속뜻 : 매우 총명하고 영특하다.

전래동화 속 **문일지십**　　　　　　　　　　　　[삼 년 고개]

3년 고개에서 넘어지면 3년밖에 못 산다는 전설이 있어요.

교과서 속 문일지십

[국어 1-2 ㉮ 콩 한 알과 송아지]

아버지가 딸들에게 지혜를 시험해 보고 있어요.

콩 한 알을 줄 테니 내 생일 선물을 준비해 보렴!

참나~ 콩 한 알로 뭘 하라구...

안 해~

흠...

콩을 미끼로 삼아서... 잡았다!! 꿩

교환해요!

병아리 → 닭

데려가시오. 소

가자!

콩을 소로 바꿨어요! 저 왔어요!

대박!

문일지십이로구나! 대단해!

생활 속 문일지십

[구구단]

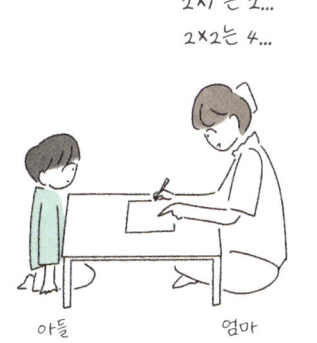

오늘은 구구단 2단을 알려줄게.
2×1은 2...
2×2는 4...

아들   엄마

그러면 3단은 삼일은 삼...
삼이 육...
삼삼은 구?
맞아요?

어머나? 맞았어!

저 4단도 할 수 있어요.

우리 아들! 하나를 가르치니 열을 아네! **문일지십**이야!

똑똑해!

문전성시

문	문	門
앞	전	前
이룰	성	成
시장	시	市

겉뜻: 문 앞이 시장을 이룬다.
속뜻: 많은 사람이 찾아와 붐빈다.

전래동화 속 문전성시   [꼬마 요정과 구두장이]

가난한 구두장이 할아버지가 가죽을 마름질하고 잠자리에 들면, 꼬마 요정들이 구두를 만들었어요.

교과서 속 문전성시

[국어 4-1 ㉮ 가훈 속에 담긴 뜻]

옛날 경주에 최 씨 성을 가진 큰 부자가 있었어요.
주인 할아버지는 가난한 사람들에게 쌀을 나눠주었어요.

생활 속 문전성시

[복날과 삼계탕]

무더운 여름, 삼계탕 집 앞에 사람들이 줄 서 있어요.

배은망덕

배신할 배	背
은혜 은	恩
잊을 망	忘
마음 덕	德

겉뜻 : 은혜를 배신하고 도와준 마음을 잊어버린다.
속뜻 : 남에게 입은 은혜를 갚지 않고 배신하는 태도.

전래동화 속 배은망덕   [토끼의 재판]

길을 가던 나그네가 함정에 빠진 호랑이를 구해줬어요. 그런데...

교과서 속 배은망덕 　　　　　[국어 2-1 ㉯ 치과 의사 드소토 선생님]

여우가 드소토 선생님에게
이빨 치료를 받고 있어요.

생활 속 배은망덕 　　　　　　　　　　　　　　　　　　　[쉬는 시간]

쉬는 시간, 주니는 유리에게
화장실에 같이 가자고 부탁했어요.

다음 날, 유리가 주니에게
화장실에 같이 가자고 말했어요.

백 년 하 청

일백 백	百
해 년	年
물 하	河
맑을 청	淸

겉뜻 : 백 년이 지나도 탁한 황하의 강물은 맑아지지 않는다.
속뜻 : 오랫동안 기다려도 바라는 것이 이루어질 수 없다.

전래동화 속 백년하청 　　　　　　　　　　　　　　　　[효녀 심청]

스님이 개천에 빠진 심봉사를 구해주었어요.

부처님에게 공양하면 눈을 뜰 수 있습니다.

사실 내가 며칠 전에 공양미 300석을 바치기로 스님과 약속했다.
그러면 눈을 뜰 수 있다 해서...

바다를 달래기 위한 제물이 된 심청이가 공양미 300석을 받고 바다에 몸을 던졌어요.

심청의 효심에 용왕님이 감동했어요.

왕이 연꽃에서 나온 심청을 보고 반했어요.

왕비가 된 심청을 보고 심봉사는 눈을 떴어요.

교과서 속 **백년하청** [국어 6-1 ㉮ 우주 호텔]

생활 속 **백년하청** [결혼할 거야!]

백전백승

일백 백 **百**
싸울 전 **戰**
일백 백 **百**
이길 승 **勝**

겉뜻 : 백 번 싸워도 백 번 이긴다.
속뜻 : 싸울 때마다 이긴다.

전래동화 속 **백전백승** [반쪽이]

귀, 눈, 손, 다리가 하나밖에 없는 반쪽이가 있었어요.

질투심이 많은 형들은 반쪽이를 호랑이 굴 앞으로 밀었어요.

반쪽이는 호랑이를 모두 때려잡았어요.

달려드는 호랑이를 전부 때려잡았어. **백전백승**이야!

반쪽이는 잡은 호랑이를 김동지에게 주었어요.

교과서 속 **백전백승** [국어 6-1 ㉯ 제게 12척의 배가 있으니]

사천 해전 승!

한산도 해전 승!

명량 해전 승!

생활 속 **백전백승** [야구 경기]

부화뇌동

붙을 부	附
화답할 화	和
우레(천둥) 뇌	雷
같을 동	同

겉뜻 : 천둥 소리에 맞춰 함께 한다.
속뜻 : 자기 소신 없이 남의 의견을 따른다.

전래동화 속 **부화뇌동**　　　　　[고양이 목에 방울 달기]

쥐들이 회의를 하고 있어요.

고양이한테 잡아먹힌 친구만 벌써 다섯이야!

이사 가자~　좋아!　그러자!

이사 가도 고양이는 있을걸? **부화뇌동**하지 말고 방법을 찾자!
고양이 목에 방울을 다는 거 어때?

후다닥　딸랑~
방울 소리가 나면 잽싸게 도망갈 수 있어!
도망쳐!

진짜 똑똑하다!　너무 좋은데!
후훗! 난 대단해!

너희들 또 **부화뇌동**하는구나.
왜요?　좋은 방법 아닌가요?

그래서, 고양이 목에 누가 방울을 달 건데?
아차!　그 생각을 못 했네!

낑낑

교과서 속 **부화뇌동** [국어 4-2 ④ 팔려가는 당나귀]

아버지와 아들이 당나귀 한 마리를 팔기 위해 장으로 끌고 가는데
사람들이 수군거리는 소리가 들렸어요.

생활 속 **부화뇌동** [공부하기 싫은 날]

수업이 듣기 싫었던 영호가 꾀를 냈어요.

비일비재

겉뜻 : 한 번도 아니고 두 번도 아니다.
속뜻 : 같은 일이 생긴 게 한두 번이 아닐 만큼 꽤 많다.

아닐 비 非
한 일 一
아닐 비 非
둘 재 再

전래동화 속 **비일비재** [여우 누이]

장남이 누이가 가축의 간을 먹는 모습을 보았어요.

마을의 가축이 죽어나는 일이 **비일비재**하더니만, 내 동생이 범인이었어?!

누이가 범인이에요! 정말이라니까요!

이놈! 소중한 동생에게 범인이라니! 당장 집을 나가거라!

서방님! 이 호리병을 가지고 마을로 가서 여우 누이를 물리치세요!

알았어요.

장남의 부인

세상에! 마을이 왜 이렇게 변한 거지? 다 죽거나 떠났어...

오라버니! 기다렸어요!

캬웅!

오라버니의 간을 빼먹을 거예요!

으윽! 불이다! 여우 살려!

호리병의 효과가 대단하군! 여보, 고마워요!

교과서 속 비일비재 　　　[국어 4-2 ㉮ 우진이는 정말 멋져!]

공기놀이를 하는데 창훈이가 윤아를 치는 바람에 공기가 흩어졌어요.

이번에는 창훈이가 밀치는 바람에 윤아와 승연이가 넘어질 뻔했어요.

창훈아! 너 좀 조심해! 이런 일이 너무 **비일비재**하잖아. 윤아랑 승연이에게 사과해.

생활 속 비일비재 　　　[약속 시간]

정민이는 현지와 영화를 보기로 약속 했어요.

약속 시간이 20분이 지났는데... 지난번에도 늦더니...

미안~! 내가 늦었지! 얼른 놀자!

한두 번도 아니고 약속시간에 늦는 게 너무 **비일비재**한 거 아냐?

난 너만 기다리는 강아지가 아냐. 너와 놀 마음이 사라졌으니 다른 친구 구해서 놀아.

사생결단

죽을 사	死
살 생	生
결정할 결	決
결단할 단	斷

겉뜻 : 죽을지 살지를 생각하지 않고 결판을 낸다.
속뜻 : 상대와 싸워 끝장을 본다.

전래동화 속 **사생결단** [은혜 갚은 두꺼비]

옛날에 살림 잘 하는 처녀가
밥을 푸고 있었는데 두꺼비가 다가왔어요.

어느 날 마을에서 지네 괴물에게
여자를 제물로 바치게 되었어요.

처녀가 제물로 뽑혔어요.

큰 지네가 나타나 처녀를 잡아먹으려
하는 순간 두꺼비가 나타났어요.

다음날, 깨어난 처녀는
죽어있는 지네와 두꺼비를 보았어요.

두껍아! 네가 나를 살렸구나!

교과서 속 사생결단

[국어 6-1 ④ 제게 12척의 배가 있으니]

이순신 장군이 일본과 전쟁을 하고 있었어요.

생활 속 사생결단

[내 케이크 누가 먹었어!]

이솔이가 냉장고 문을 열었어요.

삼인성호

셋 삼	三
사람 인	人
만들 성	成
범 호	虎

겉뜻 : 세 사람이 없는 호랑이도 만든다.

속뜻 : 틀린 말이라도 여러 사람이 말하면 믿게 된다.

전래동화 속 삼인성호　　　　　　　　　　[벌거벗은 임금님]

교과서 속 **삼인성호**   [국어 3-1 ㉯ 프린들 주세요]

생활 속 **삼인성호**   [호랑이 선생님]

입학식 첫날, 선생님이 학교생활을 설명하고 있어요.

상부상조

서로 상	相
도울 부	扶
서로 상	相
도울 조	助

겉뜻 : 서로 돕고 서로 도와준다.
속뜻 : 서로 돕는다.

전래동화 속 **상부상조**　　　　　　　　　　[루돌프 사슴코]

교과서 속 **상부상조** [국어 2-1 ㉯ 기름 장수와 소금 장수]

호랑이가 기름 장수와 소금 장수를 잡아먹고 풀밭에서 쉬고 있었어요.

호랑이 뱃속.

생활 속 **상부상조** [도움]

석진이는 혼자 숙제하는 게 너무 어려웠어요.

설상가상

눈 설	雪
위 상	上
더할 가	加
서리 상	霜

겉뜻: 눈 위에 서리까지 더해졌다.
속뜻: 좋지 못한 일이 계속해서 일어난다.

전래동화 속 설상가상   [할미꽃]

손녀들을 모두 시집보낸 할머니는 외롭게 혼자 살고 있었어요.

첫째 손녀의 집.

둘째 손녀의 집.

막내 손녀 보러 가야 하는데 가파른 언덕 길에 눈보라까지! **설상가상**이네.

더 이상 못 가겠어. 막내야, 보고 싶구나.

할머니가 쓰러진 자리에는 붉은 꽃이 피었습니다.

할머니는 그렇게 돌아가셨어요.

교과서 속 **설상가상** [국어 3-1 ㉮ 플랜더스의 개]

네로는 마을 사람들에게 오해를 받아 난처해졌어요.

그런데 할아버지까지 돌아가시고 네로는 외톨이가 되었어요.

네로는 파트라슈와 함께 부둥켜 안은 채 영원히 잠이 들었어요.

생활 속 **설상가상** [변비와 설사]

윤정이는 변비 때문에 고생이에요.

이거 조금만 먹어 볼래? 변비 고치는 약이래.

으아… 변비가 가니 설사가 또… 완전 **설상가상**이야…

설 왕 설 래

말 설	說
갈 왕	往
말 설	說
올 래	來

겉뜻 : 말이 가고 말이 온다.
속뜻 : 어느 것에 대해 서로의 의견이 일치하지 않아 다툰다.

전래동화 속 **설왕설래**　　　　　　　　　[싸우기를 좋아하는 형제]

한 농부의 아들들이 늘 서로 다투었어요.

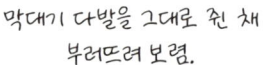

교과서 속 설왕설래 　　　　　　　　　　　　　　　　　　　　　　[국어활동 4-1]

규리와 하준이가 중국집에 왔어요.

생활 속 설왕설래 　　　　　　　　　　　　　　　　　　　　　　[주문 마감]

점심시간, 식당 앞에 사람들이 몰려 있어요.

소 탐 대 실

작을 소	小
탐할 탐	貪
큰 대	大
잃을 실	失

겉뜻 : 작은 것을 탐내다 큰 것을 잃는다.
속뜻 : 작은 욕심을 부리다 오히려 큰 손해를 입는다.

전래동화 속 소탐대실   [황금알을 낳는 거위]

교과서 속 소탐대실

[국어 2-1 ㉯ 벌레잡이 식물]

벌레잡이 식물은 달콤한 냄새로 벌레를 유인해요.

생활 속 소탐대실

[자랑]

태우가 친구들 앞에서 새 킥보드를 자랑하고 있어요.

신출귀몰

귀신 신 神
날 출 出
귀신 귀 鬼
없어질 몰 沒

겉뜻 : 귀신처럼 나타나고 귀신처럼 없어진다.
속뜻 : 갑자기 나타났다가 갑자기 사라진다.

전래동화 속 신출귀몰   [일지매]

일지매의 수배지가 마을 벽에 붙었어요.

일지매가 이 대감의 집에 편지를 남겨두고 재물을 가져갔어요.

교과서 속 신출귀몰   [국어 6-2 ㉮ 홍길동전]

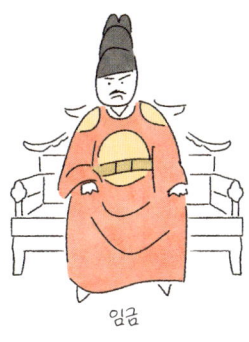

생활 속 신출귀몰   [모기야 나와라]

심사숙고

깊을 심	深
생각 사	思
익을 숙	熟
생각할 고	考

겉뜻 : 깊이 생각하고 (음식이)익을 만큼 충분히 생각한다.
속뜻 : 신중하게 생각한다.

전래동화 속 심사숙고 [주먹밥이 열리는 나무]

옛날 어느 마을에 수다쟁이 부인과 나무꾼이 살고 있었어요.

어느 날 나무꾼이 숲에 갔어요.

헉! 황금이다! 아내에게 말하면 여기저기 소문내겠지?

나무꾼은 좋은 방법을 생각해냈어요.

여보! 내가 주먹밥이 열리는 나무를 봤어요!
어머나?! 정말요?

수다쟁이 부인은 소문을 냈어요.

주먹밥이 열리는 나무를 내 남편이 봤대요. 진짜라니까요?

주먹밥 나무 이야기를 하니까 아무도 안 믿었어요.

사실은 내가 황금을 주운 걸 말하면 당신이 여기저기 말할까 봐 **심사숙고**해서 거짓말을 했소.

이제 당신이 황금을 주웠다고 해도 마을 사람들이 안 믿을 거요.
내가 너무 입이 가벼웠어요. 이제부터 조심할게요.

교과서 속 심사숙고 　　　[국어 6-1 ④ 제게 12척의 배가 있으니]

생활 속 심사숙고 　　　[고민]

십중팔구

열 십	十
가운데 중	中
여덟 팔	八
아홉 구	九

겉뜻 : 열 가운데 여덟이나 아홉.

속뜻 : 80% 또는 90%가 될 만큼 거의 틀림이 없다.

전래동화 속 **십중팔구**　　　　　　　　　　　　　　　[혹부리 영감]

옛날 어느 마을에 혹부리 영감이 살고 있었어요.

도깨비들이 혹을 떼고 돈을 주고 갔다는 소문을 들은 또 다른 혹부리 영감이 도깨비를 찾아 노래를 했어요.

교과서 속 **십중팔구** [국어 3-2 ㉯ 꼴찌라도 괜찮아!]

움직이는 걸 싫어하는 기찬이가
이어달리기 주자로 뽑혔어요.

생활 속 **십중팔구** [냄새]

2학년 친구들이 소풍을 나왔어요.

전교생 사자성어

48 아전인수	58 요지부동	68 이심전심
49 안분지족	59 우공이산	69 인과응보
50 안하무인	60 우왕좌왕	70 인산인해
51 애지중지	61 위기일발	71 일구이언
52 어부지리	62 유구무언	72 일사불란
53 어불성설	63 유명무실	73 일석이조
54 어이아이	64 유비무환	74 일장일단
55 역지사지	65 유언비어	75 일취월장
56 오리무중	66 이구동성	76 임기응변
57 오비이락	67 이실직고	

아 전 인 수

나 아	我
밭 전	田
끌 인	引
물 수	水

겉뜻: 내 밭으로 물을 끌어온다.

속뜻: 자기에게만 이익이 되도록 유리하게 말을 하고 행동한다.

전래동화 속 아전인수   [요술 항아리]

농부가 부자에게 산 밭을 일구고 있어요.

부자는 항아리를 뺏어 자신의 집에 두었어요.

부자의 아버지가 요술 항아리에 들어갔어요.

부자의 아버지가 자꾸 튀어나왔어요.

교과서 속 아전인수 [국어 3-1 ㉯ 오성과 한음]

생활 속 아전인수 [이기적인 언니]

화장실 문에 쪽지가 붙어 있었어요.

안분지족

편안할 안	安
분수 분	分
알 지	知
만족할 족	足

겉뜻 : 편안한 마음으로 분수를 지키며 만족함을 안다.
속뜻 : 욕심을 부리지 않고 주어진 것에 만족한다.

전래동화 속 안분지족   [금도끼 은도끼]

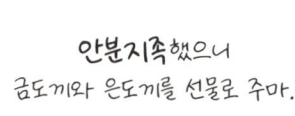

교과서 속 안분지족 [국어 4-1 ㉮ 황금산]

생활 속 안분지족 [이 정도면 충분해!]

소민이와 이모가 놀이동산에 갔어요.

안하무인

눈 안	眼	
아래 하	下	
없을 무	無	
사람 인	人	

겉뜻 : 눈 아래에 사람이 없다.
속뜻 : 건방지고 교만하여 다른 사람을 무시한다.

전래동화 속 안하무인 　　　　　　　　　　　　[왕자와 거지]

왕자와 얼굴이 닮은 거지가 성 안으로 들어왔어요.

교과서 속 **안하무인**

[국어 3-2 ㉮ 무툴라는 못말려]

산토끼 무툴라가 코끼리 투루에게 인사를 했지만 투루는 아무 대답도 하지 않았어요.

생활 속 **안하무인**

[5학년과 6학년]

화장실 문밖에서 5학년 학생이 소리치고 있어요.

애 지 중 지

사랑할 애 愛
그것 지 之
소중히 여길 중 重
그것 지 之

겉뜻 : 그것을 사랑하고 그것을 소중히 여긴다.
속뜻 : 사랑하고 소중하게 여긴다.

전래동화 속 애지중지　　　　　　　　　　[훈장님의 꿀단지]

훈장님은 공부 시간 도중에
아이들 몰래 꿀을 꺼내 먹었어요.

훈장님, 그게 뭐예요?

이 항아리 안에는
독약이 들어 있으니
얼씬도 하지 마라!

진짜 독약일까?
엄청 **애지중지**하시던데.

꿀이잖아?! 어쩌지?
맛있어서 다 먹어버렸어!

방법이 있어!
훈장님이 **애지중지**하는
벼루를 깬다!

벼루를 깬 죄로
항아리에 있는 독약을
다 먹었어요!

이 녀석들...
어서 일어나거라!

교과서 속 애지중지　　　　　　　　[국어 4-2 ㉮ 사라, 버스를 타다]

흑인 소녀 사라는 날마다 엄마와 함께 버스를 타고 학교에 가요. 그런데 버스 앞자리는 백인들만 앉을 수 있었어요.

사라는 뒷자리에서 일어나 앞자리에 앉았어요.

생활 속 애지중지　　　　　　　　[강아지는 내 동생!]

어부지리

고기 잡을 어 漁
남자 부 父, 夫
~의 지 之
이득 리 利

겉뜻 : 어부의 이득(새와 조개가 싸울 때 어부가 둘 다 잡았다).
속뜻 : 둘이 다투고 있을 때 다른 누군가가 이익을 본다.

전래동화 속 **어부지리**　　　　　　　　　　　[얄미운 여우]

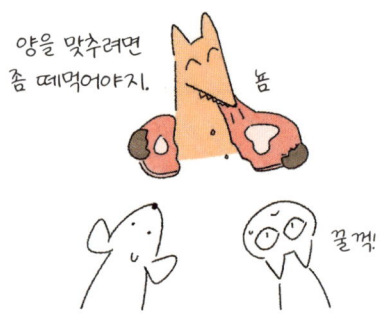

교과서 속 어부지리 [국어 5-1 ㉯ 잘못 뽑은 반장]

로운이가 제하의 집에 찾아왔어요.

생활 속 어부지리 [치킨 한 조각]

일요일 점심 식사로 치킨을 시켰어요.

치킨이 한 조각 남았어요.

어불성설

말 어	語
아닐 불	不
이룰 성	成
말 설	說

겉뜻 : 말이 말로 이루어지지 않는다.
속뜻 : 말이 상식에 맞지 않는다.

전래동화 속 **어불성설**　　　　　　　　　　　　　　　[빨간 모자]

교과서 속 어불성설

[국어 5-1 ㉮ 덕실이가 말을 해요]

수일이는 강아지가 말하는 것을 들었어요.

생활 속 어불성설

[해는 어느 쪽에서 뜰까?]

어 이 아 이

소리 어 **於**
다를 이 **異**
소리 아 **阿**
다를 이 **異**

겉뜻 : '어' 다르고 '아' 다르다.
속뜻 : 같은 말이라도 말하기에 따라 느낌이 달라진다.

전래동화 속 어이아이   [박서방의 고기 한 근]

박서방의 고깃집에 사람들이 고기를 사러 왔어요.

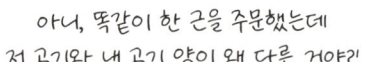

교과서 속 어이아이 　　　　　　　　　　　　　　　　　　　　　　　[국어 2-1 ㉯]

생활 속 어이아이 　　　　　　　　　　　　　　　　　　　　　　　[점심 시간]

석이가 점심시간에 친구들과 밥을 먹고 있어요.

역 지 사 지

바꿀 역	易
처지 지	地
생각할 사	思
그것 지	之

겉뜻 : 처지를 바꿔서 그것(상대방)을 생각한다.
속뜻 : 상대방의 입장에서 생각한다.

전래동화 속 역지사지 [여우와 두루미]

교과서 속 역지사지 　　　　　　　　　　　　　　[국어 5-2 ㉮]

토론 수업 중이었어요.

난 속상한 일이 생긴 친구의 말을 잘 들어줘.

난 부모님이 내 마음을 알아주실 때가 진짜 좋아!

나도. 선생님께서 내 상황을 이해해 주실 때가 좋아.

맞아. 역지사지하면 서로의 마음을 더 이해할 수 있어.

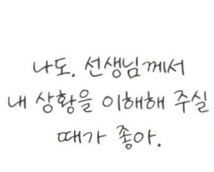

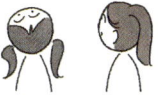

생활 속 역지사지 　　　　　　　　　　　　[입장 바꿔 생각해 봐]

동생이 바지에 오줌을 쌌어요.

ㅋㅋ 오줌싸개래요~!

푸하하!

으앙~!

은찬이 너! 동생을 놀리면 어떡해?
역지사지 몰라? 네가 놀림당한다 생각해 봐.

엄마...

헉...

오줌싸개! ㅋㅋ
지렸대요!
노... 놀리지 마!
어우... 민망해.

미안.
역지사지해 보니 이해된다.
내가 너무 심했어.

자, 바지 갈아입자.

훌쩍...

오리무중

다섯 오	五
거리 리	里
안개 무	霧
가운데 중	中

겉뜻 : 오리(약 2km)나 되는 짙은 안개 속.
속뜻 : 어떤 일에 대해 어떻게 판단해야 할지 방향이나 갈피를 잡지 못하는 모습.

전래동화 속 **오리무중** [파랑새]

크리스마스이브, 틸틸과 미틸 남매에게 요술 할머니가 찾아왔어요.

내 파랑새를 찾아줄 수 있겠니?

네, 좋아요.

남매는 파랑새를 찾는 모험을 떠나요.

등잔 밑이 어둡다더니 파랑새가 바로 옆에 있었어!

교과서 속 **오리무중** [국어 4-1 ㉮ 의심]

생활 속 **오리무중** [사라진 지우개]

오비이락

까마귀 오	烏
날 비	飛
배 이	梨
떨어질 락	落

겉뜻 : 까마귀 날자 배 떨어진다.
속뜻 : 어떤 일이 우연히 비슷한 때에 일어나 의심을 받는다.

전래동화 속 **오비이락**　　　　　　　　　　　　[백조 왕자]

새 왕비는 공주 엘리사를 괴롭히고 왕자들을 백조로 변신시켰어요.

오빠들을 구하고 싶은 엘리사의 간절한 기도를 들은 천사가 나타났어요.

쐐기풀로 옷을 만들어 왕자들에게 입히면 다시 사람으로 변할 거야!

고마워요!
엘리사

앗? 쐐기풀이 다 떨어졌네? 쐐기풀은 공동묘지에 있는데.
어쩌지...
텅~

얼른 따고 집에 가자.
쐐기풀
한밤중 묘지에 누군가 있다! 마녀가 틀림없어!
잡아라!

엘리사는 마녀로 오해받고 감옥에 갇혔어요.

난 마녀가 아니고 쐐기풀을 꺾으러 간 건데! **오비이락**이야.

마녀로 오해받은 엘리사의 처형 일이 되었어요.

오빠들! 다 만들었어! 얼른 입어봐!
휙
팔랑 팔랑

엘리사! 고맙구나!
네 덕분에 다시 사람이 됐어!
오빠!
엘리사를 구하자!

교과서 속 **오비이락** [국어 5-1 ㉮]

생활 속 **오비이락** [오해]

요지부동

흔들 요	搖
그것 지	之
아닐 부	不
움직일 동	動

겉뜻 : 그것을 흔들어도 움직이지 않는다.

속뜻 : 몸이나 생각을 흔들어도 꼼짝하지 않거나 굽히지 않는다.

전래동화 속 요지부동 [두더지 사위]

교과서 속 요지부동 　　　　　　　　　　　[국어 1-1 ④]

생활 속 요지부동 　　　　　　　　　　　[이거 놔!]

강아지 두부가 똥이 급했나 봐요.

우공이산

어리석을 우	愚
사람 공	公
옮길 이	移
산 산	山

겉뜻 : 우공이라는 사람이 산을 옮겼다.
속뜻 : 포기하지 않고 끊임없이 노력하면 큰 꿈도 이룰 수 있다.

전래동화 속 우공이산 　　　　　　　　　　　　　　　　[어린 왕자]

교과서 속 우공이산

[국어 5-2 ㉮ 니 꿈은 뭐이가?]

여자는 비행사가 되기 어려운 시절, 권기옥 여사의 꿈은 비행사였어요.

시간이 흐르고...

마침내, 그녀는 꿈을 이루었어요.

생활 속 우공이산

[노력]

수정이가 공부를 하고 있어요.

너 또 일등이라며? 시험 끝났는데 웬 공부?

우왕좌왕

오른 우 **右**
갈 왕 **往**
왼 좌 **左**
갈 왕 **往**

겉뜻 : 오른쪽으로 갔다가 왼쪽으로 간다.
속뜻 : 이리저리 왔다 갔다 하며 일이나 나아가는 방향을 잡지 못한다.

전래동화 속 **우왕좌왕**　　　　　　　　　　　　　　　[호두까기 인형]

클라라가 호두까기 인형을 선물로 받았어요.

클라라가 잠들자 생쥐 군단과 생쥐왕이 나타났어요.

교과서 속 **우왕좌왕** [국어 3-1 ㉮]

박물관 견학을 간 아이들이 길을 잃어버렸어요.

생활 속 **우왕좌왕** [화장실이 어디지?]

영화관에 온 지환이는 갑자기 배가 아파졌어요.

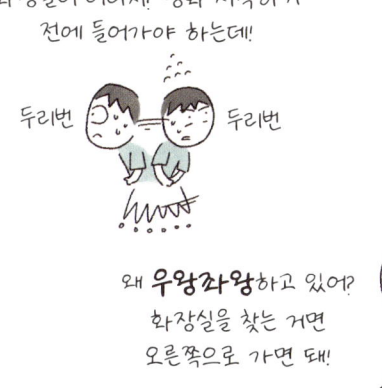

위 기 일 발

위태로울 위 危
때 기 機
한 일 一
머리털 발 髮

겉뜻 : 한 올의 머리털이 끊어질 것 같이 위태로운 때.
속뜻 : 여유가 조금도 없이 아주 위급한 순간.

전래동화 속 위기일발   [은혜 갚은 까치]

교과서 속 위기일발 　　　　　　　　　　　[국어활동 1-2 개미와 비둘기]

물에 빠진 개미가 허우적거리고 있었어요.

하늘을 날던 비둘기가 개미를 발견했어요.

생활 속 위기일발 　　　　　　　　　　　　　　　　[비 오는 날]

비 오는 날, 나은이가 우산 심부름을 가고 있어요.

유 구 무 언

있을 유 有
입구 口
없을 무 無
말 언 言

겉뜻 : 입은 있으나 할 말이 없다.
속뜻 : 잘못이 분명해서 변명할 방법이나 말이 없다.

전래동화 속 유구무언　　　　　　　　　　　　[냄새 맡은 값]

교과서 속 유구무언 [국어 4-1 ㉮ 의심]

아끼는 구슬을 잃어버린 노마가 기동이를 의심했어요.

생활 속 유구무언 [걸렸다!]

엄마가 일 다녀오실 동안 동규는 숙제를 해놓기로 했어요.

유명무실

있을 유	有
이름 명	名
없을 무	無
실제 실	實

겉뜻 : 이름만 있고 실속이 없다.
속뜻 : 겉은 그럴듯한데 실제는 그렇지 않다.

전래동화 속 유명무실　　　　　　　　　　[공작새와 두루미]

교과서 속 유명무실

[국어 5-1 ㉯ 잘못 뽑은 반장]

말썽꾸러기 로운이가 얼떨결에 반장이 되었어요.

로운이가 반장이 되었지만 친구들은 로운이를 인정하지 않았어요.

생활 속 유명무실

[맛없어!]

영주가 집에 들어왔는데 탁자에 쿠키 박스가 놓여 있었어요.

유비무환

있을 유 有
갖출 비 備
없을 무 無
근심 환 患

겉뜻 : 대비한 것이 있으면 근심이 없다.
속뜻 : 미리 준비하면 나중에 크게 걱정할 것이 없다.

전래동화 속 유비무환   [개미와 베짱이]

무더운 여름날 개미는 열심히 일을 하는데, 베짱이는 노래 부르며 놀고 있었어요.

겨울이 되었어요.

교과서 속 유비무환　　　　　　　　　[국어 3-1 ㉯ 다람쥐의 겨울 준비]

생활 속 유비무환　　　　　　　　　　　　[엄마 말 듣길 잘 했어!]

준기가 화장실에 갔어요.

유언비어

흐를 유	流
말 언	言
날 비	蜚
말 어	語

겉뜻 : 흘러 다니는 말과 날아다니는 말.
속뜻 : 아무런 근거 없이 떠도는 소문.

전래동화 속 유언비어 　　　　　　　　　[공주와 결혼한 서동]

서동이 선화공주를 보고 한눈에 반했어요.

서동은 아이들에게 노래를 부르게 하여 헛소문을 퍼트렸어요.

선화공주가~ 서동을 좋아한대요~!

소문 들은 왕은 선화공주를 궁궐에서 쫓아냈어요.

서동은 공주와 결혼했어요.

교과서 속 유언비어 　　　　　　　　　　　　　　　　　　　　　　　[국어 6-2 ㉮]

수영이 아빠의 가게에
악성 댓글이 달렸어요.

이건 **유언비어**야!
해명 글을 올려야겠어.

📒 카페　　모여라 친구들

📢 소식 게시판 📢
유언비어 때문에 힘들어요.
토농이
2022.12.20 조회 150

우리 아빠는 요리사예요.
가게 이름은 만나짱 분식이에요.
얼마 전 음식에서 머리카락이
나왔다는 이야기는 **유언비어**입니다.
우리 아빠는 민머리입니다.
우리 가게 음식 깨끗하고 맛있어요!

생활 속 유언비어 　　　　　　　　　　　　　　　　　　　　　　　[헛소문]

주영이가 학교에 왔어요.

잠깐, 그건 **유언비어**야!

며칠 전에 유진이가
명석이랑 너랑 알콩달콩
우산 쓰고 가는 걸 봤대~

걔가 축구하다 찬 공에
내 우산이 망가졌거든. 그래서
어쩔 수 없이 같이 쓴 거야!

이제 됐지?
헛소문이라고...

아하~
그랬구나~
헤헤 미안~

이구동성

다를 이	異
입 구	口
같을 동	同
소리 성	聲

겉뜻 : 서로 다른 입에서 같은 소리가 난다.
속뜻 : 여러 사람의 말이 같다.

전래동화 속 **이구동성**　　　　　　　　　[도깨비와 개암]

개암 열매를 줍던 나무꾼이 빈집에서 잠시 쉬기로 했어요.

나무꾼은 대들보 위에 숨었어요.

배고픈데... 아까 주운 개암 좀 먹어볼까.

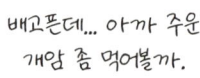

나무꾼이 개암을 씹는 소리에 도깨비들이 깜짝 놀라 도망쳤어요.

도깨비들이 **이구동성**으로 소리치며 달아났네.

교과서 속 이구동성

[국어 5-1 ㉯ 잘못 뽑은 반장]

로운이가 반장 역할을 잘 해내어
선생님과 친구들에게 칭찬을 받았어요.

생활 속 이구동성

[동생이 태어났어요]

이 실 직 고

써 이	以
사실 실	實
바로 직	直
알릴 고	告

겉뜻 : 사실을 바로 알린다.
속뜻 : 거짓말하지 않고 진실을 말한다.

전래동화 속 이실직고   [망주석 재판]

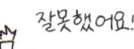

교과서 속 **이실직고** [국어 2-2 ㉯ 피노키오]

생활 속 **이실직고** [범인은 누구?]

이 심 전 심

써 이	以
마음 심	心
전할 전	傳
마음 심	心

겉뜻 : 마음으로써 마음을 전달한다.
속뜻 : 말을 하지 않아도 서로의 마음이 통한다.

전래동화 속 **이심전심** [정글북]

정글에 어린아이가 버려졌어요.

아이는 늑대의 가족이 되었어요.

모글리는 정글의 폭군 쉬어 칸을 물리쳤어요.

교과서 속 **이심전심**　　　　[국어 3-2 ㉮ 의좋은 형제]

옛날에 사이좋은 형제가 살고 있었어요.

생활 속 **이심전심**　　　　[어떻게 알았어?]

지영이네 가족이 백화점에 쇼핑을 갔어요.

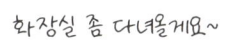

인과응보

원인 인	因
결과 과	果
응할 응	應
갚을 보	報

겉뜻: 원인에 따라 결과가 응하여 보답한다.
속뜻: 좋은 일에는 좋은 결과가, 나쁜 일에는 나쁜 결과가 따른다.

전래동화 속 인과응보 　　　　　　　　[꿀강아지 똥강아지]

총각이 꿀을 팔려고 시장에 나왔는데 어떻게 팔아야 할지 몰랐어요.

나라에서 꿀을 사지도 팔지도 말라고 했는데 몰랐소? 어이구~

총각

내가 그 꿀을 싼값에 사주겠소! 고마운 줄 아시오!

감사합니다!

그게 무슨 소리야? 요즘 꿀 값이 얼마나 비싼데!

헉...

사기당했네!

총각은 집으로 가 강아지에게 꿀만 먹였어요. 얼마 후 강아지는 똥 대신 꿀을 누기 시작했어요.

총각은 다음 날 강아지를 안고 사기꾼을 찾아갔어요.

내 전 재산을 주마! 꿀 강아지를 넘겨!

좋아요~

며칠이 지나고 강아지는 다시 똥을 누기 시작했고 사기꾼은 땅을 치고 후회했답니다.

속았다...

인과응보라는 말이 틀리지 않는구먼...

교과서 속 **인과응보**   [국어 4-1 ㉮ 나무 그늘을 산 총각]

욕심 많은 부자 영감이 나무 그늘에 아무도 오지 못하게 막았어요.

생활 속 **인과응보**   [껌]

규민이와 성진이가 길을 걷고 있어요.

다음 날.

인 산 인 해

사람 인	人
산 산	山
사람 인	人
바다 해	海

겉뜻 : 사람으로 산을 채우고, 사람으로 바다를 채운다.
속뜻 : 사람들이 아주 많다.

전래동화 속 **인산인해**   [쇠를 먹는 불가사리]

전쟁으로 남편과 아들을 잃은
아주머니가 밥풀로 인형을 만들고 있어요.

불가사리는 쇠로 된 것들을
전부 먹어 치웠어요.

어느 날, 수십만 명의 오랑캐가 침입했어요.

교과서 속 인산인해 [국어 5-1 ㉮ 유관순]

생활 속 인산인해 [공연]

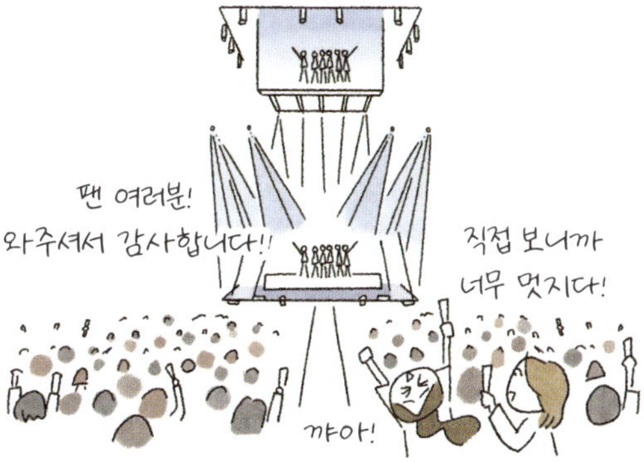

일 구 이 언

한 일	一
입 구	口
두 이	二
말 언	言

겉뜻 : 하나의 입으로 두 말을 한다.
속뜻 : 하나의 일에 대해 이랬다 저랬다 말을 바꾸는 것.

전래동화 속 **일구이언**　　　　　　　　　　[피리 부는 사나이]

마을에 쥐가 들끓자 사람들이 피리 부는 사나이에게 도움을 요청했어요.

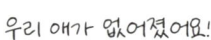

교과서 속 일구이언

[국어 3-2 ㉯ 토끼의 재판]

생활 속 일구이언

[비밀 지켜달라고 했지!]

일 사 불 란

한 일	一
실 사	絲
아닐 불	不
어지러울 란	亂

겉뜻 : 한 올의 실도 어지럽지 않다.
속뜻 : 질서가 잘 잡혀있어 혼란스럽지 않다.

전래동화 속 일사불란   [알리바바와 40인의 도적]

알리바바가 산에서 나무를 하는데 바위가 굴러가는 소리가 들렸어요.

무엇을 나르는 걸까?
일사불란하게 움직이는 게 수상해!

나도 따라 해 볼까? 열려라 참깨!

알리바바가 주문을 따라 외우자 바위 문이 열렸어요.

헉! 이게 다 뭐야?! 보물이 가득하네!

교과서 속 **일사불란** [국어 1-2 ④]

지원이가 집에 가는 길에
공원 의자에서 쉬고 있었어요.

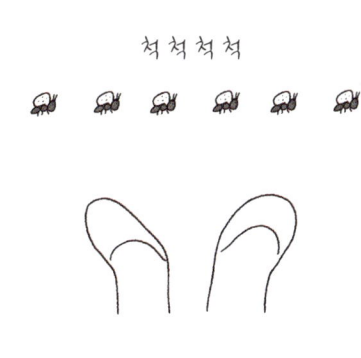
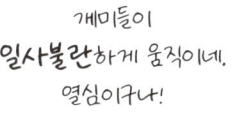

생활 속 **일사불란** [장기 자랑]

예나와 친구들이 장기 자랑 준비를 해요.

일석이조

한 일	一
돌 석	石
두 이	二
새 조	鳥

겉뜻 : 하나의 돌로 두 마리 새를 잡는다.
속뜻 : 하나의 말이나 행동으로 두 가지 이익을 얻는다.

전래동화 속 **일석이조**　　　　　　　　　　[팥죽 할멈과 호랑이]

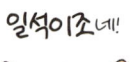

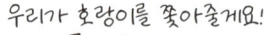

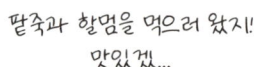

교과서 속 **일석이조** [국어 3-1 ④ 먹을 수 있는 꽃 요리]

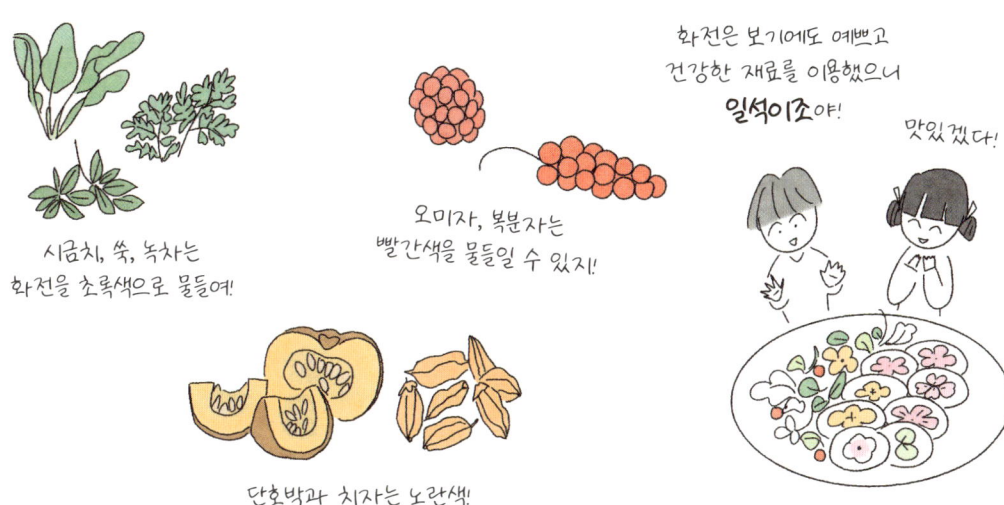

생활 속 **일석이조** [똥 에너지]

선생님이 에너지 만드는 방법을 설명하고 있어요.

일장일단

한 일	一
장점 장	長
한 일	一
단점 단	短

겉뜻 : 장점이 하나 있으면 단점도 하나 있다.
속뜻 : 어떤 일이든 좋은 점도 있고 나쁜 점도 있다.

전래동화 속 **일장일단** [걸리버 여행기]

바다에서 표류하다가 소인국에 도착한 걸리버.

어느 날, 소인국에 불이 났어요.

교과서 속 **일장일단** [국어 4-2 ④]

효은이가 도청에 편지를 썼어요.

생활 속 **일장일단** [긴 생머리 그녀!]

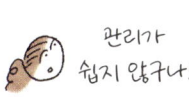

일취월장

날 일	日
이룰 취	就
달 월	月
나아갈 장	將

겉뜻 : 날마다 이루고 달마다 나아간다.
속뜻 : 시간이 지날수록 성장하고 발전한다.

전래동화 속 **일취월장**　　　　　　　　　　　　[바보 온달]

평강공주는 어릴 적부터 자주 울었는데 그때마다 아버지 평원왕은 바보 온달에게 시집보내겠다고 이야기했어요.

평강공주는 바보 온달을 찾아가 결혼했어요.

평강공주는 온달을 가르쳤어요.

온달은 열심히 공부했어요.

말 타는 실력도 날이 갈수록 늘었어요.

부인 덕분에 실력이 금방 늘었어요. 고맙소!

교과서 속 일취월장 [국어 6-2 ㉮ 구멍 난 벼루]

생활 속 일취월장 [글짓기 연습]

지은이가 글짓기 연습을 하고 있어요.

임기응변

임할 임	臨
때 기	機
대응할 응	應
변할 변	變

겉뜻 : 때가 닥쳤을 때 대응하여 변화한다.
속뜻 : 그때그때 처한 상황에 맞추어 즉각적으로 결정하거나 처리함.

전래동화 속 임기응변   [외톨이가 된 박쥐]

날짐승과 들짐승의 싸움이 시작되었어요.

박쥐가 사자를 만났어요.

저 걸어 다니잖아요!
들짐승 파이팅!
언제나 당신 편이에요!

넌 누구 편이냐?

박쥐는 독수리도 만났어요.

넌 누구 편이냐?   제 날개 보이죠?
            전 날짐승 편이에요!

랄랄라~

저 녀석...
임기응변의 달인이구먼.

어느덧 싸움은 끝나고...

잘 지내봅시다.   그래요.

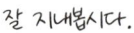

헤헷~
얼씨구?
내 편이라며?

저는 어디에
끼면 될까요..?

저 녀석이...

교과서 속 임기응변 　　　　　[국어 1-1 ㉯ 호랑이 형님]

나무꾼이 호랑이가 왜 자신의 형인지 설명하고 있어요.

생활 속 임기응변 　　　　　[몰래 방귀 뀌는 방법]

전교생 사자성어

ㅈ ~ ㅎ

77 자포자기
78 자화자찬
79 작심삼일
80 전광석화
81 점입가경
82 조족지혈
83 좌불안석
84 좌지우지
85 주객전도
86 주마간산
87 지성감천
88 천만다행
89 천신만고
90 천재일우
91 청출어람
92 타산지석
93 팔방미인
94 피차일반
95 학수고대
96 함흥차사
97 호의호식
98 황당무계
99 횡설수설
100 후안무치

자 포 자 기

스스로 자	自
해칠 포	暴
스스로 자	自
버릴 기	棄

겉뜻 : 스스로 해치고 스스로 버린다.
속뜻 : 절망에 빠져 어떤 일을 스스로 포기한다.

전래동화 속 **자포자기**　　　　　　　　　　　　　[콩쥐 팥쥐]

새엄마와 그의 딸 팥쥐는 콩쥐를 미워했어요.

항아리에 물 다 채우거든 잔칫집에 오너라!
ㅋㅋ

아...

아니? 항아리가 깨져 있잖아?!

깨진 독에 물을 어떻게 채우지? 잔칫집에 가는 건 포기해야겠어.
훌쩍...

그때, 두꺼비가 나타났어요.

콩쥐 님~ **자포자기**하지 마세요. 제가 도와드릴게요.

두꺼비야, 나를 어떻게 도와줄 수 있어?

알겠어!
제가 구멍을 잘 막아볼 테니 물을 부어보세요!
아~ 등 시원하다.

찰랑 찰랑~
와! 성공이야! 고마워!
히히~

교과서 속 자포자기 [국어 2-2 ④ 막내 기러기]

겨울이 되자 기러기 가족이 남쪽으로의 대이동을 준비해요.

생활 속 자포자기 [천둥번개]

학교 밖에 큰 비가 내리고 천둥번개가 치고 있어요.

자 화 자 찬

스스로 자	自
그림 화	畫
스스로 자	自
칭찬할 찬	讚

겉뜻 : 스스로 그린 그림을 스스로 칭찬한다.
속뜻 : 자기가 한 일을 스스로 잘했다고 자랑한다.

전래동화 속 **자화자찬**   [두꺼비의 나이 자랑]

사슴·토끼·두꺼비가 모여서 서로
자기가 나이가 많다고 자랑하고 있어요.

교과서 속 자화자찬 [국어활동 3-2 눈]

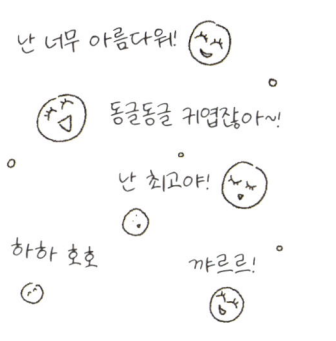

생활 속 자화자찬 [공주 놀이]

작 심 삼 일

지을 작	作
마음 심	心
석 삼	三
날 일	日

겉뜻 : 마음먹은 것이 삼일도 못 간다.
속뜻 : 결심한 상태가 오래 못 간다.

전래동화 속 작심삼일　　　　　　　　　　[소가 된 게으름뱅이]

일은 안 하고 놀고먹는 게으름뱅이가 있었어요.

게으름뱅이가 잔소리를 피해 시장에 구경나왔어요.

게으름뱅이가 가면을 쓰자 소로 변했고 노인은 소가 된 게으름뱅이를 농부에게 팔았어요.

소가 된 게으름뱅이는 쉬지 않고 일을 했어요.

게으름뱅이는 죽기로 결심했어요.

무를 먹었더니 죽지 않고 사람으로 돌아왔어요.

교과서 속 작심삼일 　　　　　　　　　　　　　　　　[국어 5-1 ㉮]

생활 속 작심삼일 　　　　　　　　　　　　　　　　　　　[다짐]

전광석화

번개	전	電
빛	광	光
돌	석	石
불	화	火

겉뜻 : 번갯불에서 나는 빛과 부싯돌에서 나는 불꽃.
속뜻 : 빛처럼 아주 빠른 동작이나 아주 짧은 시간.

전래동화 속 전광석화　　　　　　　　　　[시골 쥐와 도시 쥐]

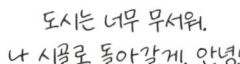

교과서 속 전광석화 　　　　　　　　　　　　[국어활동 1-1 곰과 여우]

생활 속 전광석화 　　　　　　　　　　　　　　　　[빛의 속도]

점 입 가 경

점점 점	漸
들 입	入
아름다울 가	佳
지경 경	境

겉뜻 : 들어갈수록 점점 아름다운 경지가 펼쳐진다.
속뜻 : 점점 재미있거나, 시간이 지날수록 하는 짓이 꼴불견이다.

전래동화 속 점입가경 　　　　　　　　　　　　[춘향전]

춘향이와 몽룡이는 사랑하는 사이에요.

남원 고을에 변 사또가 새로 왔어요.

변 사또는 백성들을 괴롭혔어요.

암행어사가 된 몽룡이 등장했어요.

교과서 속 **점입가경** [국어 5-1 ④ 나의 문화유산답사기]

생활 속 **점입가경** [개미집]

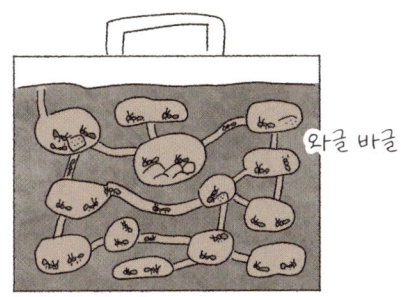

조족지혈

새 조	鳥
발 족	足
~의 지	之
피 혈	血

겉뜻 : 새 발의 피.
속뜻 : 매우 적은 양.

전래동화 속 조족지혈 [자린고비]

구두쇠 영감이 굴비를 천장에 매달아놓은 후 밥 한 술에 굴비 한번 쳐다보며 밥을 먹었어요.

구두쇠 영감 네 된장독에 파리가 앉았어요.

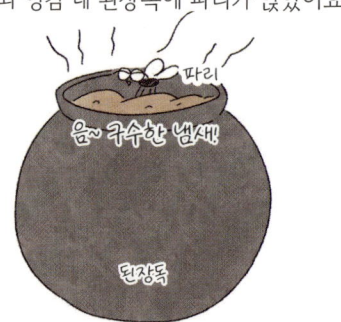

교과서 속 조족지혈　　　　　　　　　　　　　　[국어 6-1 ㉮ 우주 호텔]

폐지 줍는 할머니가 리어카를 끌고 고물상에 가고 있어요.

생활 속 조족지혈　　　　　　　　　　　　　　　　　　[유통기한]

준혁이는 배가 고팠어요.

좌불안석

겉뜻 : 앉아도 자리가 편안하지 않다.
속뜻 : 마음이 불안하고 걱정이 많아 안절부절못하다.

앉을 좌 坐
아니 불 不
편안할 안 安
자리 석 席

전래동화 속 **좌불안석** [벼룩 한 말]

아들이 바늘 한 주머니, 벼룩 한 주머니를 챙겨 사라진 아버지를 구하러 떠났어요.

괴물은 솥단지로 숨었고, 아들은 아궁이에 불을 피웠어요.

아들은 아버지와 붙잡힌 사람들을 구했어요.

교과서 속 **좌불안석** [국어활동 1-2 붉은 여우 아저씨]

여우 아저씨가 자신의 물건들을 필요한 이들에게 나눠주기 위한 여행을 시작했어요.

큰 물고기들이 제 알을 먹으려 해서 늘 **좌불안석**이에요. 알을 넣어 다닐 수 있도록 가방 좀 빌려주세요.

생활 속 **좌불안석** [들었나?]

시원이가 미용실에서 방귀를 뀌었어요.

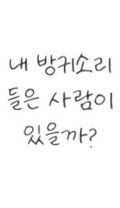

좌지우지

왼 좌	左
갈 지	之
오른 우	右
갈 지	之

겉뜻 : 왼쪽으로도 가고, 오른쪽으로도 간다.
속뜻 : 이리저리 자기 마음대로 한다.

전래동화 속 좌지우지   [아씨방 일곱 친구]

옷 만드는 아씨가 잠이 든 사이,
아씨를 돕는 가위, 바늘, 실, 자, 골무, 인두,
다리미는 자기 자랑을 시작했어요.

가위가 있어야 천을 잘라!
내가 최고야!

바늘이 있어야 꿰매지.
그러니 옷의 성능은
내가 **좌지우지**해!

웅성 웅성

어머? 실이 없으면
바느질도 못하지!

골무가 없으면
바느질도 오래 못해.

쳇!

다리미는 구겨진 옷을
곱게 펴준다고!

자가 없으면
치수를 잴 수 없는걸!

멋있는 옷은
인두가
좌지우지해

하암~!

너희들 때문에
잠이 다 깼어.

모두가 소중해! 그러니
힘을 합쳐 열심히 옷 만들자!

네!

잡아줄게!

응

끙...

교과서 속 **좌지우지** [국어 5-1 ㉮ 덕실이가 말을 해요]

생활 속 **좌지우지** [대청소]

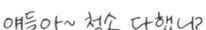

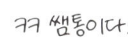

주객전도

주인 주	主
손님 객	客
뒤집을 전	顚
거꾸로 도	倒

겉뜻 : 주인과 손님의 위치가 거꾸로 뒤바뀐다.
속뜻 : 먼저 해야 할 것과 나중에 할 것이 서로 바뀌었다.

전래동화 속 **주객전도**　　　　　　　　　　　　　　[손톱 먹은 들쥐]

교과서 속 주객전도 [국어 5-1 ㉮]

학생들이 인공지능에 대해 토론하고 있어요.

생활 속 주객전도 [순서]

주 마 간 산

달릴 주	走
말 마	馬
볼 간	看
산 산	山

겉뜻 : 빠르게 달리는 말에서 산을 본다.
속뜻 : 자세히 보지 않고 대충 보고 지나간다.

전래동화 속 주마간산　　　　　　　　　　[늑대와 일곱 마리 양]

엄마 양이 외출을 했어요.

얼마 후.

늑대가 엄마인 척 어린 양들을 속였어요.

벽장에 숨은 양 한 마리가 돌아온 엄마 양에게 달려갔어요.

엄마 양은 늑대 뱃속에서 양들을 꺼낸 뒤 돌을 가득 넣고 바늘로 다시 꿰맸어요.

교과서 속 주마간산 [국어 5-2 ㈏]

민찬이가 어린이 신문을 읽고 있어요.

생활 속 주마간산 [잘 좀 볼걸!]

지성감천

지극할 지 **至**
정성 성 **誠**
감동 감 **感**
하늘 천 **天**

겉뜻 : 지극한 정성은 하늘을 감동시킨다.
속뜻 : 정성을 다하여 노력하면 좋은 결과가 찾아온다.

전래동화 속 **지성감천** [내 다리 내놔]

아픈 아버지를 낫게 하고 싶은 아들이 있었어요.

스님! 아버지 병을 고칠 방법이 없을까요?

무덤에서 시체의 다리를 잘라 드시게 하면 병이 나을 것입니다.

무, 무서워도 아버지의 병을 고칠 수만 있다면…!

내 다리… 내놔…!

후다닥 으악!

흑흑, 시체야! 미안해! 쿨쩍

여보! 그게 뭐예요?!

이건 다리가 아니라 큰 산삼이에요!

지성이면 감천이라고 당신의 효도에 하늘이 감동했나 봐요!

으응? 산삼?!

교과서 속 **지성감천** [국어 2-1 ㉮ 해와 달이 된 오누이]

생활 속 **지성감천** [간절한 기도]

천 만 다 행

일천 천 千
일만 만 萬
많을 다 多
다행 행 幸

겉뜻 : 천 번, 만 번 생각해도 행운이 많다.
속뜻 : 나쁜 상황에서 다행이도 큰 탈이 나지 않았다.

전래동화 속 **천만다행**　　　　　　　　　　　[개와 고양이]

물고기가 자신의 목숨을 구해준
할머니에게 요술 구슬을 주었어요.

구슬을 비비니 집이 멋지게 바뀌었어!
진귀한 보물과 음식까지 생겼네!

요술 구슬 구경하러 왔어!
이게 그 구슬이야?
너무 예쁘다!
신기하지요?

이건 이제 내 거야!
내 구슬 돌려줘!

구슬이 사라지니
집도 돈도 사라졌어!
아이고!

우리가 찾으러 가자!

이놈들!
구슬 가져와!

구슬을 찾았으니
천만다행이야!

교과서 속 천만다행   [국어활동 3-2 별난 양반 이선달 표류기]

생활 속 천만다행   [문제 풀이]

천 신 만 고

일천 천	千
고통 신	辛
일만 만	萬
괴로울 고	苦

겉뜻 : 천 개의 고통과 만 개의 괴로움.
속뜻 : 많은 어려움을 겪으며 심하게 고생함.

전래동화 속 **천신만고**   [로빈슨 크루소]

항해를 나간 크루소의 배가 파도에 휩쓸렸어요.

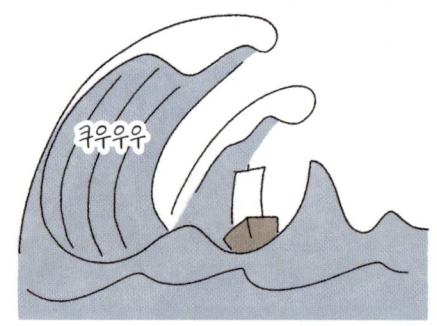

로빈슨 크루소는 무인도에 떨어졌어요.

로빈슨 크루소는 무인도에서 친구를 사귀었어요.

시간이 흐르고 어느 날.

천신만고 끝에 집에 갈 수 있게 됐어!

교과서 속 천신만고

[국어 4-1 ④ 아름다운 꼴찌]

몸이 약한 수현이는 마지막 힘을 짜내 마라톤 완주에 성공했어요.

생활 속 천신만고

[아빠 최고!]

너무너무 더운 날, 태희와 태민이가 선풍기 바람을 쐬고 있었어요.

태희가 선풍기를 고치다가 포기했어요.

아빠는 한참 동안을 선풍기를 고치기 위해 땀을 흘려가며 고생했어요.

천 재 일 우

일천 천	千
년 재	載
한 일	一
만날 우	遇

겉뜻 : 천년에 한 번 만난다.
속뜻 : 천년에 한 번 만날 만큼 흔하지 않은 좋은 기회.

전래동화 속 천재일우　　　　　　　　　　　　　[토끼와 거북이]

토끼와 거북이의 달리기 시합이 시작되었어요.

교과서 속 천재일우

[국어 4-2 ㉮ 헬렌 켈러]

눈과 귀가 망가진 헬렌을
가르치러 온 설리번 선생님.

생활 속 천재일우

[고백]

진호가 집으로 가려던 참이었어요.

청출어람

푸를 청 靑
날 출 出
~에서 어 於
쪽풀 람 藍

겉뜻 : 푸른색은 쪽풀에서 뽑아냈다.
(쪽에서 뽑아낸 푸른 물감이 쪽보다 더 푸르다)
속뜻 : 제자나 후배가 스승이나 선배보다 더 뛰어나다.

전래동화 속 청출어람 [서유기]

교과서 속 청출어람

[국어 6-2 ㉮ 구멍 난 벼루]

*초묵법 : 붓에 먹을 찍어 붓의 속도와 무게감의 변화만으로 짙고 흐림을 표현하는 그림 법.

생활 속 청출어람

[아빠의 게임 실력]

호영이가 게임을 하고 있어요.

타 산 지 석

다를 타	他
산 산	山
~의 지	之
돌 석	石

겉뜻 : 다른 산의 돌.

속뜻 : 다른 사람의 잘못을 교훈 삼아서 나는 그러지 말아야겠다는 깨달음.

전래동화 속 **타산지석**　　　　　　　　　　[아버지를 버리는 지게]

가난에 힘든 아들이 아버지를
산에 버리기로 결심했어요.

교과서 속 타산지석 　　　　　　　　　　　　　　　　　　[국어 3-1 ㉯]

조심성 없는 호랑이가 밤송이를 먹다가 혼이 났어요.

생활 속 타산지석 　　　　　　　　　　　　　　　　　　　　[아웃!]

달리기 대회가 시작 되었어요.

다현이는 부정 출발로 대회에서 탈락했어요.

팔방미인

여덟 팔	八
방향 방	方
뛰어날 미	美
사람 인	人

겉뜻 : 여덟 방향(여러 방면)에서 뛰어난 사람.
속뜻 : 여러 가지 재주를 지닌 사람(사물).

전래동화 속 **팔방미인**　　　　　　　　　　　　[장화 신은 고양이]

방앗간 막내아들은 유산으로 곡물 창고를 지키던 고양이 한 마리를 받았어요.

"제게 장화와 자루를 주면 당신을 부자로 만들어줄게요."
"정말?"

"다녀올게요, 주인님!"
"그래, 다녀와."

냥! 챱!

사냥 성공!

고양이는 토끼를 잡은 뒤, 주인 이름을 대며 왕에게 사냥물을 바쳤어요.
"제 주인님이 왕께 바치는 겁니다."

고양이는 마술을 부리는 대마왕에게도 찾아갔어요.
"위대하신 대마왕님! 고양이가 인사 올립니다!"

"혹시 쥐로도 변신할 수 있나요?"
"후훗! 그럼!"
펑! 냥! 덥석

"대마왕의 성은 이제 주인님 거예요! 너 정말 **팔방미인**이다! 고마워!"

교과서 속 팔방미인 [국어 5-2 ㉯ 한지돌이]

생활 속 팔방미인 [엄마의 요리 실력]

청명이는 배가 고팠어요.

피차일반

저것 피	彼
이것 차	此
한 일	一
같을 반	般

겉뜻 : 저것과 이것이 한 가지처럼 같다.
속뜻 : 두 편이 서로 비슷하거나 같다.

전래동화 속 **피차일반** [게와 원숭이]

게와 원숭이가 떡을 만들었어요.

그런데 원숭이가 떡을 들고 달아났어요.

원숭이가 떡을 떨어뜨렸어요.

교과서 속 **피차일반** [국어 2-1 ④ 동물 마을에서 생긴 일]

새와 두꺼비가 도로 옆에서 만났어요.

생활 속 **피차일반** [소리 방귀 냄새 방귀]

누나와 동생이 TV를 보고 있었어요.

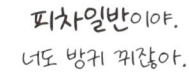

학수고대

두루미 학 鶴
머리 수 首
괴로울 고 苦
기다릴 대 待

겉뜻: 학처럼 머리를 빼 들고 애타게 기다린다.
속뜻: 무엇인가를 몹시 기다린다.

전래동화 속 학수고대 [견우와 직녀]

교과서 속 학수고대　　　　　　　　　　[국어 4-1 ❹ 수아의 봉사 활동]

수아가 요양원으로 봉사활동을 다녀요.

이번 주는 요양원에 못 가는데 어쩌지? 할머니께 동화책 읽어드리기로 했는데...

일주일 후.

할머니~ 저 왔어요!

수아 왔구나! 지난주에 네가 안 와서 얼마나 **학수고대**했다고~

많이 기다리셨죠? 죄송해요~

생활 속 학수고대　　　　　　　　　　　　　　　[방학]

우민이는 날마다 달력을 보고 있어요. 왜 그럴까요?

10...11일...12일...
냠냠　빤-

하루만 지나면...
슥슥

띠리리리
눈이 번쩍!

이날만을 **학수고대**했어!
오예!!!　드디어 방학이다!
펄쩍!

함흥차사

다 함	咸
일어날 흥	興
보낼 차	差
사신 사	使

겉뜻 : 함흥으로 보낸 차사(왕의 특별 명령을 받은 사람).

속뜻 : 어디 갔다가 올 사람이 안 오거나 심부름 간 사람이 소식이 없다.

전래동화 속 **함흥차사**　　　　　　　　　　　　[돌이 된 아내]

교과서 속 함흥차사 [국어 6-1 ㉮ 저승 까마귀]

염라대왕은 이승에서 목숨을 관리하는 강도령에게 여자는 70세, 남자는 80세가 되거든 저승에 보내라며 저승에 데려올 노인의 명단이 적힌 적패지를 까마귀에게 주었어요.

*적패지 : 저승의 편지

그런데 고기에 정신이 팔린 까마귀가 적패지를 잃어버려요.

이때부터 사람들이 순서 없이 저승에 가게 되었다고 해요.

생활 속 함흥차사 [왜 이렇게 안 와?]

재영이가 찬 공이 멀리 날아갔어요.

그런데 공을 가지러 간 재영이는 오지 않고...

그 시각, 재영이는...

호의호식

좋을 호	好
옷 의	衣
좋을 호	好
음식 식	食

겉뜻 : 좋은 옷과 좋은 음식.
속뜻 : 풍족하고 편하게 생활한다.

전래동화 속 호의호식 　　　　　　　　　[저승사자도 놀란 가난]

가난한 부부에게 저승사자가 찾아왔어요.

부부의 몰골을 보고 놀란 저승사자가 도망쳤어요.

부부는 송진사네 집에 가 일을 도와주었어요.

송진사는 은혜를 보답했어요.

교과서 속 호의호식 　　[국어활동 4-1 신기한 그림 족자]

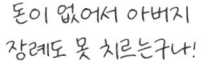

생활 속 호의호식 　　[라떼야, 꽃길만 걷자]

라떼는 버려진 지 한 달이 넘은 강아지예요.

황당무계

어이없을 황	荒
어이없을 당	唐
없을 무	無
생각할 계	稽

겉뜻 : 황당하여 생각할 게 없다.

속뜻 : 말이나 행동 따위가 참되지 않고 터무니없다.

전래동화 속 황당무계 　　　　　　[방귀쟁이 며느리]

교과서 속 **황당무계** [국어 1-1 ④ 호랑이 형님]

나무꾼이 산에서 나무를 베고 있는데
호랑이가 나타났어요.

생활 속 **황당무계** [네가 왜 거기서 나와?]

건오의 배에서 꾸르륵 꾸르륵 소리가 났어요.

횡설수설

가로 횡 橫
말 설 說
세로 수 竪
말 설 說

겉뜻 : 가로로 말하다가 세로로 말한다.
속뜻 : 순서 없이 말을 하여 무슨 말인지 알아들을 수 없다.

전래동화 속 횡설수설 [바보 사또]

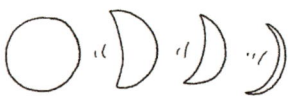

*이방 : 조선 시대에, 각 지방 관아의 이방에 속하여 인사·비서 일을 맡아보던 하급 관리.

교과서 속 횡설수설 [국어 2-1 ㉮ 신데렐라]

생활 속 횡설수설 [방귀 소리]

아빠와 유미가 지하철을 타고 박물관에 가고 있어요.

후안무치

두꺼울 후	厚
얼굴 안	顔
없을 무	無
부끄러울 치	恥

겉뜻 : 얼굴이 두꺼워 부끄러움이 없다.
속뜻 : 자신의 행동에 대해 부끄러움을 모르고 뻔뻔하다.

전래동화 속 **후안무치**　　　　　　　　　　　　　　[흥부와 놀부]

제비가 자신의 다리를 고쳐준 흥부에게
박 씨를 물어다 주었고, 박 씨는 자라서 큰 박이 되었어요.

놀부는 멀쩡한 제비 다리를
부러트렸어요.

다 자란 박을 가르자...

도깨비가 나와 놀부 부부에게 벌을 주었어요.

교과서 속 **후안무치**　　　　　　　　　　　[국어활동 1-2 양치기 소년]

생활 속 **후안무치**　　　　　　　　　　　　　　[뻔뻔해!]

정훈이가 화장실에 빈자리가 나오길 기다렸어요.